Viviane Theby & Michaela Hares

Wir schnüffeln weiter

Neue Nasenspiele für Hunde

Kynos Verlag

Am Remelsbach 30 · D-54570 Mürlenbach/Eifel
Telefon: 06594/653 · Telefax: 06594/452
Internet: http://www.kynos-verlag.de

Fotos: Viviane Theby
Zeichnungen: Angelika Schmohl, a.schmohl@web.de

Gesamtherstellung: Printfinder SIA, Riga, Lettland

ISBN 3-933228-99-9

Inhaltsverzeichnis

Vorwort

Nasenspiele für Hunde erfreuen sich großer Beliebtheit. Immer mehr Menschen entdecken, zu welch hervorragenden Leistungen ihre Hunde fähig sind. Und vor allen Dingen: Diese Art der Beschäftigung mit dem Hund macht einfach Spaß, und zwar Mensch und Hund!

Auf unseren Seminaren lernten wir viele gute Schnüffler kennen. Die Kursteilnehmer waren immer überrascht von den Fähigkeiten der Hunde. Selbst Aufgaben wie zum Beispiel die Geruchsunterscheidung sind für die Hunde eigentlich ein Kinderspiel, wenn sie erst wissen, was sie tun sollen.

Die Verständigung zwischen Mensch und Hund wird immer weiter gefördert. Leider – oder vielleicht auch zum Glück – können wir den Hunden nämlich nicht sagen, was sie für uns riechen sollen. Die Menschen sind also gefordert, sich Gedanken um die Verständigung mit ihren vierbeinigen Partnern zu machen. Einige althergebrachte Vorstellungen werden mehr und mehr hinterfragt. So ist es gerade in Sachen Nasenarbeit eigentlich schon lange klar, dass nicht mit Zwang gearbeitet werden kann. Wenn ich jetzt sage, dass man aber auch mit Lob viel falsch machen kann, werden viele Leser vielleicht erstaunt sein. Das Dumme ist, dass wir nicht wahrnehmen können, was der Hund gerade riecht, folglich können wir es auch während der ganzen Suche nicht belohnen. Egal, was wir dem Hund sonst beibringen, seien es Übungen im Dogdancing oder Agility, wir können in jedem Augenblick verfolgen, ob er das macht, was wir uns vorgestellt haben und können dem Hund somit auch positives Feedback geben, damit er weiß, dass er noch alles richtig macht. Beim Suchen können wir das nicht, denn wir wissen nicht, was er gerade riecht! Es werden in der Tat viele Missverständnisse durch Loben verursacht. So wird der Hund zum Beispiel gelobt, wenn er die Nase schön tief am Boden hat. Leider hatte er aber unter Umständen im Moment gar nicht den gesuchten Geruch in der Nase. Der Hund, der gelernt hat, das zu tun, was wir von ihm erwarten, wird sich in etwa denken: »Aha, ich soll hier laufen mit der Nase am Boden. Dann tue ich das doch.« Der Mensch hinten an der langen Leine ist total begeistert, bis er auf einmal feststellt, dass der Hund gar nicht mehr der Spur folgen kann, weil er schon viel zu weit vom Weg abgekommen ist. So entstehen Missverständnisse. Eine Möglichkeit gibt es, dass wir dem Hund beibringen, uns genau zu zeigen, wenn er dem Geruch folgt. Dann können wir ihn sogar belohnen. Allerdings erfordert diese Art der Ausbildung ein außerordentliches Wissen in Sachen Hunde- und Lernverhalten.

Unsere Aufgabe ist es also, die Trainingsschritte so zu wählen, dass der Hund mit großer Wahrscheinlichkeit das verknüpft, was wir uns auch vorgestellt haben. Dabei müssen wir sehr darauf achten, ihn nicht unbeabsichtigt in seiner Arbeit zu stören und ihm damit fälschlicherweise zu verstehen geben, dass er etwas anderes machen soll. Das ist gar nicht so einfach. Gerade die Nasenarbeiten dienen also sehr dazu, an uns selber zu arbeiten. Wir müssen immer wieder kritisch hinterfragen und dürfen auf keinen Fall dem Hund die Schuld geben, wenn etwas nicht klappt. Wenn man die Erkenntnisse, die man bei dieser Art der Verständigung mit dem Hund gewinnt, anschließend auf das normale Training überträgt, wird man auch da merkliche Fortschritte machen.

Dieses Buch ist die Ergänzung zum im gleichen Verlag erschienenen Titel »Schnüffelstunde – Nasenspiele für Hunde«. Von daher setzen wir viele Grundlagen als bekannt voraus, die eben dort nachzulesen sind. Auch bei den einzelnen Übungen werden wir immer wieder auf den ersten Band verweisen. Viele Kursteilnehmer haben um Ideen gebeten, was sie denn nun mit ihren Hunden so alles schnüffeln sollen. Hier finden alle Interessierten hoffentlich genug Beschäftigung für die nächsten Monate.

Wir wünschen allen zwei- und vierbeinigen vom Schnüffelvirus Infizierten viel Spaß beim Ausprobieren der Spiele. Sie werden mit Sicherheit viele Leute damit beeindrucken können. Aber die Hauptsache ist, Sie und Ihr Hund haben Freude daran und lernen sich immer besser verstehen!

Viviane Theby
Michaela Hares

Es werden viele Missverständnisse durch Loben verursacht.

SPIELIDEEN

Der Hund sucht ein Motivationsmittel

Alle Spielideen kann man ausgehend von einer Grundübung aufbauen. Damit lernt der Hund im Prinzip das Konzept »Suchen«. Schließlich müssen wir ihm ja auf irgendeine Art und Weise vermitteln, was er tun soll.

Zunächst ist es wichtig, etwas zu finden, das der Hund wirklich gerne mag. Da muss man – je nach Hund – unter Umständen etwas

Beim richtigen Motivationsmittel muss man unter Umständen etwas einfallsreich sein.

einfallsreich sein. Eine Auswahl an Motivationsmitteln sind zum Beispiel Spielzeuge, Futter, von normalen Leckerchen über Leberwurst, Käse, getrocknete Lunge oder Pansen bis hin zu Fischfilets, oder auch mit Futter gefüllte Spielzeuge. Wenn das alles für den Hund noch nicht sehr motivierend ist, dann könnte man noch an ein Kaninchenfell denken, aber auch an Schafsköttel, an ein Taschentuch mit dem Duft einer läufigen Hündin oder was auch immer.

Für diese Grundübung in Sachen Nasenspiele sollten Sie wirklich das Nonplusultra für den Hund finden. Nur wenn er nämlich wirklich motiviert ist, zu finden, haben wir eine Chance, ihm die Aufgabe zu erklären. Außerdem unterstützen wir damit, dass er später auch wirklich mit Eifer suchen wird.

Das Suchen des Motivationsmittels ist nur der Einstieg. Später wird der Hund uns irgendetwas anderes suchen. Aber das lernt er erst Schritt für Schritt.

Schritt 1:

Halten Sie Ihren Hund fest oder lassen Sie ihn halten und legen oder werfen sein Motivationsmittel ca. 2 - 3 Meter vom Hund entfernt, so dass er es sehen kann.

Mit dem Kommando »Such« lassen Sie ihn laufen. Er sollte sofort zu dem Motivationsmittel laufen, sonst war es vielleicht doch noch nicht spannend genug. Anstelle von »Such« können Sie natürlich auch alle möglichen anderen Worte verwenden. Wichtig ist nur, dass Sie das einmal ausgewählte auch beibehalten.

Vielleicht fragen Sie jetzt: Warum soll ich »Such« sagen? Der Hund muss ja gar nicht suchen, sondern kann direkt hinlaufen. Wir sind hier erst bei Schritt eins von einer Reihe von Schritten, die dem Hund am Ende deutlich machen, dass er suchen soll. Also haben Sie Geduld, wir kommen schon zum Ziel. Wiederholen Sie diesen Schritt mindestens zehnmal.

Schritt 2:

Das Motivationsmittel wird leicht versteckt, aber noch so, dass der Hund zusehen kann. Dieser wird dann mit dem gewählten Kommando losgelassen und überschwänglich belohnt, wenn er findet. Denken Sie an das Bild in der Schnüffelstunde auf Seite 9, dass der Hund vor Stolz einige Zentimeter wachsen soll! Auch diesen Schritt sollten Sie mindestens ein halbes Dutzend Mal wiederholen.

Schritt 3:
Täuschen Sie jetzt mehrere Verstecke an. Der Hund sieht immer noch zu. Achten Sie dabei darauf, dass er wirklich nicht sieht, in welches der drei bis vier Verstecke Sie das Motivationsmittel nun deponieren. Das ist oft gar nicht so einfach. Hunde sind gute Beobachter. Jetzt muss er also zum ersten Mal wirklich die Verstecke absuchen, wenn er seine Belohnung finden will. Denken Sie dann natürlich daran, dem Hund auch deutlich zu zeigen, wie toll Sie ihn finden, wenn er gefunden hat.

Schritt 4:
Haben Sie Schritt 3 einige Male wiederholt, ist es an der Zeit, das Motivationsmittel wirklich zu verstecken, das heißt der Hund sieht nicht mehr länger zu. Sie sollten diesen Schritt jedoch am gleichen Ort wie die vorhergehenden üben, also im gleichen Zimmer oder an der gleichen Stelle draußen im Gelände. Damit helfen Sie dem Hund, sich daran zu erinnern, was er machen soll. Sie können nämlich noch nicht von ihm erwarten, dass er das Kommando schon versteht.

Der Hund wird also in einen anderen Raum gebracht oder draußen im Gelände abgelenkt, damit er nicht sieht, wo das Versteck nun ist. Mit dem gleichen Ritual wie zuvor, das heißt mit dem gleichen Kommando und den gleichen Bewegungen, schicken Sie ihn los. Jetzt wird deutlich, ob er schon eine Idee von dem hat, was er machen soll. Macht er sich sofort auf die Suche, haben Sie es geschafft, ihm das Konzept »Suchen« beizubringen. Sie können ihm natürlich auch einige Sekunden Bedenkzeit lassen, damit er sich erinnern kann.

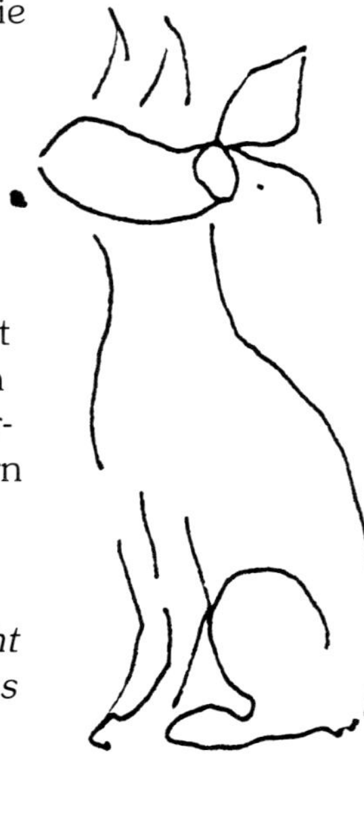

Schritt 5:
In diesem Schritt geht es nun darum, den Ort zu wechseln. Schließlich soll das Kommando ja überall gelten. Üben Sie also an vielen unterschiedlichen Orten, das heißt in allen Zimmern

Achten Sie darauf, dass der Hund wirklich nicht sieht, in welches der 3 - 4 Verstecke Sie das Motivationsmittel nun deponieren.

im Haus, im Garten, im Wald, auf dem Parkplatz und so weiter. Nur so kann der Hund lernen, dass das Kommando auch überall gilt. Das darf man nicht voraussetzen, weil Hunde sehr kontextspezifisch lernen, das heißt etwas, das sie an einem Ort gelernt haben, können sie normalerweise noch lange nicht an einem anderen Ort.

Mögliche Schwierigkeiten:

Tauchen in Schritt 1 bis 3 Schwierigkeiten auf, bedeutet das, dass der Hund nicht gut genug motiviert ist. Sie sollten sich also da noch einmal Gedanken um das Motivationsmittel machen. Was ein Motivationsmittel ist, entscheidet letztendlich der Hund. Wir können dem Hund etwas aus unserer Sicht noch so Tolles vorsetzen – wenn er es nicht lohnend findet, dafür zu arbeiten, ist es nicht wirklich ein Motivationsmittel.

Wir arbeiten gerne (so als As im Ärmel, falls sich ein Hund auf einem Seminar mit herkömmlichen Mitteln nicht motivieren lässt) mit einer Tube, die mit den unterschiedlichsten Leckereien gefüllt werden kann. Leere, immer wieder neu befüllbare Tuben gibt es im Outdoor-Bedarf. Bei der Füllung sind der Fantasie kaum Grenzen gesetzt. Eine für die meisten Hunde unwiderstehliche Füllung besteht aus gekochtem Ei, Käse und Brot, das alles zusammen in einem Mixer zu einem feinen Brei püriert wird.

Will man sich die Arbeit nicht machen, ist auch Babynahrung (zum Beispiel Putengericht) ganz gut geeignet. Im Vergleich zu einer reinen Wurst- oder Käsefüllung sind solche Leckereien nämlich nicht gewürzt, und der Hund kann bedenkenlos eine ganze Tube nuckeln. Es sieht für uns so aus, als wäre auch das Nuckeln etwas ganz Faszinierendes für die Hunde.

Sollten Sie Babynahrung verwenden, achten Sie darauf, dass sie keine Zwiebeln enthält, weil die für Hunde giftig sind.

In seltenen Fällen gibt es auch Hunde, die übermotiviert sind und vor lauter Motivation regelrecht blockiert sind, irgendetwas zu machen. Labradore fallen manchmal darunter. Hier hilft es unter Umständen, ein weniger gutes Motivationsmittel zu nehmen. Wenn auch das nicht hilft, lernen sie oft durch Zusehen. Auch wenn es jetzt albern klingt: Lassen Sie den Hund einige Male zusehen, wie Sie suchen oder einen anderen Hund suchen lassen. In diesem Fall wird dann durch Abgucken gelernt – auch eine Möglichkeit.

Der Hund schafft den Übergang von Schritt 3 nach Schritt 4 nicht. Solange er zusehen kann, sucht er ohne Probleme. Wenn er aber nicht zusehen kann, wie das Motivationsmittel versteckt wird, scheint er auf dem Schlauch zu stehen. Er weiß dann nicht, was er machen soll.

Achten Sie bei den ersten Übungsschritten auf ein einheitliches Ritual, das dem Hund hilft, sich darauf einzustellen, was auf ihn zukommt. Dazu könnte zum Beispiel gehören, dass Sie sich neben ihn knien, mit der linken Hand ins Halsband greifen, mit der rechten an seiner Nase vorbei eine Richtung angeben, ihm etwas aufmunterndes ins Ohr flüstern und schließlich mit dem Wörtchen »Such« loslassen.

Haben Sie das alles gemacht und der Hund steht immer noch auf der Leitung, wenn er zuvor nicht beim Verstecken zusieht, können Sie Zwischenschritte einbauen. Lassen Sie ihn zusehen, wie Sie das Motivationsobjekt verstecken, lassen Sie ihn jedoch nicht sofort los zum Suchen. Stattdessen machen Sie erst einige Übungen mit ihm oder, wenn Sie draußen im Gelände üben, gehen Sie einige Schritte mit ihm spazieren. Dann gehen Sie zur ursprünglichen Stelle zurück, spulen Ihr Ritual ab und lassen den Hund los. Nun sollte er wissen, worum es geht. Lassen Sie die Pause zwischen Verstecken und Loslassen anfangs kurz und dehnen Sie sie langsam aus. Nach einigen Wiederholungen können Sie dann zu Schritt 4 übergehen.

Hat der Hund Schwierigkeiten mit Schritt 5, also dem Suchen an anderen Stellen, wiederholen Sie dort noch mal kurz die Schritte von 1 bis 4. Unter Umständen müssen Sie das an mehreren Stellen machen. Es wird aber jedesmal etwas schneller gehen, bis der Hund versteht, was er machen soll. Bald kann er es dann auch an einem völlig fremden Ort.

Aus dieser Grundübung kann man viele weitere Übungen ableiten. Auf Seite 96 finden Sie eine Übersicht. Im Folgenden werden wir einige Übungen davon im Detail besprechen.

Die freie Suche eines bestimmten Gegenstandes

Das ist eine mögliche Aufgabenstellung, die man aus der Grundübung aufbauen kann. Ziel ist, dass der Hund einen bestimmten Ort nach einem bestimmten Geruch absucht. Das kann der Geruch unterschiedlicher Gegenstände sein, wie zum Beispiel der des Handys, der des Autoschlüssels, eines bestimmten Spielzeuges usw. Das kann auch ein ganz bestimmter Geruchsstoff sein (siehe zum Beispiel Seite 19). Hier noch mal die einzelnen Übungsschritte am Beispiel Autoschlüssel. Anstelle des Wortes »Autoschlüssel« können Sie auch Handy, gelbes Quietschespielzeug, Hausschuhe, Leine oder was auch immer setzen und haben jeweils eine neue Übung.

Schritt 1:

Das Motivationsmittel wird zusammen mit dem Autoschlüssel ausgelegt, das heißt ab jetzt liegt immer der Autoschlüssel neben oder sogar auf dem Motivationsmittel. Wiederholen Sie diesen Schritt an mindestens zehn verschiedenen Orten jeweils dreimal. Wählen Sie sich dafür ein Kommando, zum Beispiel »Such Schlüssel«. Denken Sie an Ihr gewohntes Ritual.

Schritt 2:

Dieser Schritt ist ein ganz entscheidender. Der Autoschlüssel wird alleine ausgelegt, ohne das Motivationsmittel. Sie sollten jetzt sehr konzentriert sein und sehr gut aufpassen. Wahrscheinlich wird der Hund bei der Suche kurz am Autoschlüs-

sel zögern, weil da ja in letzter Zeit immer das Motivationsmittel gelegen hatte, so nach dem Motto: »Nanu, hier müsste doch eigentlich meine Belohnung sein. Wo ist sie denn?« Dieses kurze Zögern müssen Sie ganz dringend einfangen. Mit »einfangen« meinen wir, es auf den Punkt zu belohnen. Das geht am besten mit einem Klicker oder sonstigem sekundären Verstärker. Sofort, nachdem Sie das Zögern mit dem Klicker oder auch mit einem Lobwort markiert haben, bekommt der Hund das ursprüngliche Motivationsmittel als Belohnung. An dieser Stelle müssen Sie ihm wieder ganz besonders zeigen, wie toll er ist. Denn jetzt soll er ja die Idee der neuen Aufgabe bekommen, nämlich den Autoschlüssel zu suchen. Er lernt jetzt, dass die Belohnung eben auch kommt, wenn sie nicht sofort sichtbar ist. Er braucht nur den Schlüssel zu finden, dann gibt es auch die tolle Belohnung.

Wiederholen Sie diesen Schritt einige Male.

Schritt 3:

In diesem Schritt wird der Hund nicht mehr sofort auf den Punkt belohnt, sondern die Belohnung wird 1 - 2 Sekunden herausgezögert. An dieser Stelle kann eine unabhängig trainierte Form der Anzeige eingebaut werden.

Schritt 4:

Die Anforderungen werden mehr und mehr erhöht, indem der Autoschlüssel immer schwieriger versteckt wird.

Mögliche Schwierigkeiten:
Bei Schritt 2 reagiert der Hund überhaupt nicht auf den alleine liegenden Schlüssel. Er hat also noch gar keinen Zusammenhang zwischen Schlüssel und Motivationsobjekt hergestellt.

Es gibt verschiedene Möglichkeiten: Sie können Schritt 1 noch einige Male wiederholen. Wenn Sie dann wieder auf Schritt 2 übergehen, seien Sie super-aufmerksam. Vielleicht bitten Sie eine Hilfsperson, damit Sie zu zweit nach einem Zögern gucken. Sie können auch belohnen, wenn der Hund nur zufällig dem Schlüssel recht nahe kommt. Nach einigen Wiederholungen sollte er dann verstehen, worum es geht.

Eine andere Möglichkeit ist die, dass Sie unter den Schlüssel zum Beispiel ein kleines Leckerchen legen. Jetzt wird er kurz zögern und er wird mit der großen Belohnung belohnt.

Die dritte Möglichkeit ist die, dass Sie selbst den Schlüssel finden, so nach dem Motto: »Guck mal, ich habe ihn gefunden! Zu schade, dass du es nicht geschafft hast.« Das wird schon den Ehrgeiz des

Hundes anstacheln. Das wird er sich hoffentlich nicht zweimal sagen lassen.

Der Hund zeigt in Schritt 3 die Anzeige nicht. Wenn zu lange gewartet wird, verliert er die Lust und geht einfach weiter, eben ohne Anzeige.

In diesem Fall müssen Sie die Anzeige unabhängig vom Suchen besser trainieren. Denken Sie auch daran, sie an mehreren Orten zu üben. Erst wenn sie unabhängig vom Suchen gut klappt, können Sie sie in diese Übung einbauen.

Der Aufbau der Anzeige wird im Buch »Schnüffelstunde« schon ausführlich erklärt (siehe dort Seite 18 ff.). Auch hier beim Champignonsuchen wird sie beschrieben. Die Prinzipien sind immer die gleichen.

Mögliche Fallstricke in der Ausbildung:

Mit Fallstricken meinen wir Fehlverknüpfungen, die der Hund bilden kann. Fehlverknüpfungen bedeutet, dass er etwas anderes lernt, als wir uns ursprünglich vorgenommen haben. Da wir nie genau vorhersagen können, was der Hund letztendlich verknüpft, ist es sehr sinnvoll, in dieser Hinsicht besonders wachsam zu sein.

Die häufigste Fehlverknüpfung bei der freien Suche eines Geruchsstoffes ist die, dass die Suche eben gar nicht so frei ist, sondern dass sich der Hund an Ihrer Spur orientiert. Wie kann das sein? Hunde sind nun mal Spezialisten in Sachen Nase.

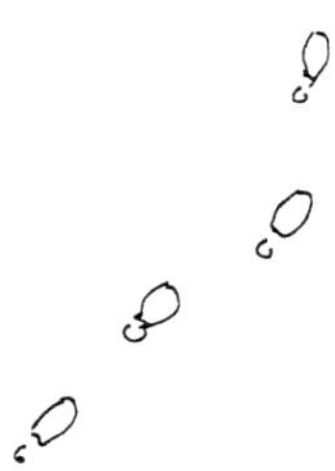

Außerdem werden sie alle erdenklichen Hilfsmittel zum Lösen der ihnen gestellten Aufgabe benutzen. Eine Geruchsspur ist für den Hund ähnlich wie für uns beispielsweise sichtbare Fußabdrücke. Stellen Sie sich einen frisch gerechten Sandplatz vor, der so groß ist wie ein Fußballfeld. Auf diesem Platz stehen 50 Kisten. In einer der Kisten wurde etwas versteckt, dass Sie suchen sollen. Nun werden Sie sicherlich auch nicht wahllos alle Kisten abgehen, sondern der deutlich sichtbaren Spur im Sand folgen. Denn die führt Sie natürlich am schnellsten ans Ziel. So geht es auch unseren Hunden. Deswegen ist beim Trainingsaufbau darauf zu achten, dass möglichst keine Geruchsspur gelegt wird. Sie sollten den Gegenstand, in diesem Fall also den Autoschlüssel, auswerfen anstelle von auslegen. (Seien Sie beim Werfen von Schlüsseln nur vorsichtig, dass sie nicht auf einem harten Untergrund landen. Sonst gibt es vielleicht eine Macke in einem Schlüsselbart, was dazu führen kann, dass er nicht mehr ins Schloss passt.)

Das ist zum Beispiel auch eine Fehlverknüpfung, die in der Rettungshundeausbildung vorkommen kann, wenn die Ausbilder weniger erfahren sind. Anstatt dass die Hunde die Nase in die Luft strecken und die Gegend nach menschlichem Geruch absuchen, folgen sie der Spur der Versteckperson ins Versteck. Das ist natürlich unter Umständen verhängnisvoll in einer ernsthaften Flächensuche.

Noch einige Tipps:

- Wollen Sie dem Hund mehrere der oben beschriebenen Aufgaben beibringen, was sehr nützlich sein kann, empfehle ich Ihnen, das Ritual am Anfang der Suche jeweils etwas abzuwandeln. Zum Beispiel könnten Sie bei »Such das Handy« immer in die Hocke gehen, »Bring die Hausschuhe« sagen Sie immer, wenn Sie Ihre Schuhe ausziehen und so weiter. Damit helfen Sie dem Hund bei der Unterscheidung dieser verschiedenen Dinge. Unsere Worte fallen ihm nämlich nicht so leicht zu verstehen wie unsere Körpersprache.
- Sollten Sie unterschiedliche Formen der Anzeige gewählt haben, weil Ihr Hund vielleicht das Handy zerbeißen würde, wenn er es Ihnen bringen soll, das mit den Hausschuhen aber kein Problem und eben praktischer ist, sollten Sie sich auch für die unterschiedlichen Anzeigen Möglichkeiten überlegen, wie Sie dem Hund

durch zusätzliche Signale helfen können. Natürlich muss sichergestellt sein, dass die Anzeige zunächst unabhängig vom Suchen gründlich trainiert wird, damit der Hund durch die vielen Wiederholungen schon diese bestimmte Anzeige mit dem bestimmten Gegenstand verknüpft hat. Aber Sie können ihm durch weitere Signale bei der Unterscheidung der einzelnen Anzeigen helfen. So können Sie beim Apportieren als Anzeige vor der Suche immer das Halsband des Hundes ausziehen. Bei einer Bellanzeige nehmen Sie, bevor Sie ihn losschicken, noch einmal kurz den Fang in die Hände. Beim Hinsetzen als Anzeige lassen Sie ihn vor dem Suchen sitzen. Das alles sind Beispiele. Sie können sich auch andere Rituale überlegen. Je mehr unterschiedliche körpersprachliche Signale Sie dem Hund für die verschiedenen Aufgaben geben, desto leichter wird es ihm fallen, die Übungen nicht zu verwechseln.

Einen bestimmten Geruchsstoff suchen

Während der Hund in dem vorherigen Beispiel einen bestimmten Gegenstand sucht, was dann auch immer derselbe Gegenstand ist, eben immer Ihr bestimmter Autoschlüssel oder Ihr Handy, kann er auch lernen, einen bestimmten Geruchsstoff zu suchen. Hier sucht der Hund alles, was nach diesem Stoff riecht, wobei das nicht immer derselbe Gegenstand sein muss.

Trüffel suchen

Ein Beispiel dafür wäre das Trüffelsuchen. Die Hunde suchen den Geruch »Trüffel« und nicht etwa immer den gleichen Trüffel. Da wir zwei Lagottos in unserer Schnüffeltruppe haben, liegt das Trüffelsuchen auf der Hand. Lagottos sind nämlich die typischen Trüffelsuchhunde. Das heißt aber nicht, dass nur Lagottos Trüffel suchen könnten. Da Hunde generell ja eine ziemlich gute Nase haben, kann man das auch anderen beibringen.

Das oberste Ziel, das erreicht werden muss, ist, dass der Hund diesen zu suchenden Geruch obertoll findet. Die wirklichen Trüffelsucher in Italien oder Südfrankreich machen das, indem sie schon der säugenden Mutterhündin gemahlene Trüffel aufs Gesäuge streuen. Die Welpen verbinden also von Anfang an diesen Geruch mit dem schönen Gefühl, an der Milchquelle zu liegen.

Aber auch einem Hund, der den Geruch in der Welpenzeit noch nicht kennen lernen konnte, kann man ihn noch angenehm machen:

Schritt 1:
So kann man ein Stück Trüffel zum Beispiel in ein gefilztes Spielzeug einarbeiten. Dieses Spielzeug soll nun für den Hund das Tollste überhaupt werden. Dafür müssen Sie im Spiel darauf achten, dass Sie immer dann aufhören, wenn der Hund eigentlich noch mehr will. Das Spielzeug hat er also nicht zur freien Verfügung, sondern er bekommt es häufiger am Tag für kurze, tolle Spielsequenzen. Beim Spielen sollten Sie darauf achten, dass Sie <u>mit</u> dem Hund spielen. Dafür eignet sich natürlich ein tolles Zerrspiel gut. Der Hund soll von Anfang an

diesen später zu suchenden Geruch mit einem Spiel mit Ihnen verknüpfen. Anstelle von einem in ein Spielzeug eingearbeiteten Stück Trüffel können Sie auch Trüffelöl verwenden. Das ist billiger und erfüllt den gleichen Zweck. Ein bis zwei Tropfen auf einem Plüschspielzeug reichen aus.

Schritt 2:
Haben Sie den Hund soweit, dass er ganz verrückt auf das Trüffelspielzeug ist, können Sie anfangen, im Spiel kleine Apportierübungen zu machen. Sie werfen es also mal weg und spielen erst weiter, wenn der Hund es wiedergebracht hat.

Ein Lagotto macht so etwas in der Regel schon von Natur aus. Dafür wurde er gezüchtet. Macht er es nicht oder ist es ein anderer Hund, kann er das Apportieren aber auch lernen (siehe Viviane Theby, »Hundeschule«).

Schritt 3:
Verlegen Sie diese Spielübungen jetzt in höheres Gras. Wenn Sie das Spielzeug geworfen haben, geben Sie schon Ihr späteres Suchkommando, zum Beispiel »Find Trüffel«. Denn jetzt muss der Hund seine Nase einsetzen.

Denken Sie daran, nie zu viel zu machen. Hören Sie mit dem Training immer auf, wenn es am schönsten ist. Dann kann der Hund die nächste Trainingseinheit gar nicht mehr abwarten und Sie können ihn zu einem eifrigen Arbeiter ausbilden.

Schritt 4:
Bis jetzt hat der Hund immer noch gesehen, wie Sie das Trüffelspielzeug weggeworfen haben. In diesem Trainingsschritt werfen Sie erst das Spielzeug aus und nehmen dann den Hund an die betreffende Stelle.

Machen Sie das dort, wo Sie auch Schritt 3 überwiegend trainiert haben. Denn dann gibt der Ort dem Hund schon einen Hinweis, was er jetzt machen soll. Auch mit vielen Wiederholungen in Schritt 3 können Sie nämlich noch nicht voraussetzen, dass der Hund schon versteht, was er machen soll. Bisher war es das wegfliegende Spielzeug, das ein deutliches Zeichen für ihn war. In diesem Schritt ist das Zeichen weg.

Schritt 5:
Hat der Hund an dieser ersten Stelle die Aufgabe verstanden, wechseln Sie die Orte. Auch jetzt kann es noch einmal sein, dass der Hund Sie mit vielen Fragezeichen ansieht, wenn Sie ihm das Kommando geben.

Als Belohnung für das Finden gibt es natürlich in allen Schritten ein ganz besonders tolles Spiel.

Schritt 6:
Da die Trüffel unter der Erde wachsen, ist es jetzt an der Zeit, das Spielzeug unter bestimmten Materialien zu verstecken. Dazu geeignet sind zum Beispiel Blätter im Wald, ein Haufen Rasenschnitt oder auch Sand. In diesem Schritt soll der Hund, außer dem Finden, sich auch noch mit Buddeln zu dem Spielzeug hinarbeiten. Belohnen Sie ihn schon mit der Stimme, während er buddelt. Dann gibt es natürlich das Spiel als Belohnung.

Schritt 7:
Jetzt wird das Trüffelspielzeug unter der Erde vergraben. Wir nähern uns also mehr und mehr der späteren wirklichen Aufgabe.

Schritt 8:
Findet der Hund das Spielzeug schon unter der Erde, sollten Sie im nächsten Schritt noch daran arbeiten, dass er nicht wahllos in von Ihnen aufgeworfener Erde buddelt, sondern wirklich gezielt seine Nase einsetzt. Graben Sie also mindestens drei Löcher und werfen Sie sie wieder zu. Nur in einem davon ist das Spielzeug.

Schritt 9:
Jetzt kommen Sie nicht drum herum, mit echten Trüffeln zu arbeiten, wenn das Trüffelfinden wirklich Ihr Ziel ist. Versuchen Sie, ob der Hund von sich aus einen vergrabenen Trüffel findet. Wenn nicht, geben Sie übergangsweise das Trüffelspielzeug dazu, das aber ab dann nicht weiter mit Trüffelöl behandelt wird.

Schritt 10:
Jetzt müssen Sie mit Ihrem Hund nach Italien fahren oder nach Frankreich, wo die Trüffel natürlich vorkommen und sehen, was Ihr Hund gelernt hat.

Da man aber nur schwierig jemanden finden wird, der einem auch die Gegenden nennt, in denen sich das Trüffelsuchen lohnt, wird dieser letzte Schritt wohl nur wenigen vorbehalten bleiben.

Champignons suchen

Essen Sie gerne Pilze? Etwas häufiger als Trüffel findet man hier in unseren Breiten wohl Champignons. Der Übungsaufbau ist wieder der gleiche wie schon beschrieben. Zuerst lassen Sie einige Male das Motivationsmittel in unmittelbarem Zusammenhang mit den Pilzen finden. Besorgen Sie sich dafür frische Champignons und üben Sie am besten direkt auf der Wiese. Denn das wird ja der künftige Einsatzort. Im nächsten Schritt ist der Pilz ohne Motivationsmittel. Hier müssen Sie wieder daran denken, jedes Zögern zu belohnen, wie oben in Schritt 2 beschrieben. Parallel dazu trainieren Sie die Anzeige. Wie wäre es zum Beispiel mit einem Männchen-Machen vor dem Pilz? Das sehen Sie gut von weitem auf der Wiese. Natürlich ist das nur ein Vorschlag. Hinsetzen oder Hinlegen ginge auch. Beim Apportieren gäbe es eventuell zu viel Bruch. Und wer weiß, was passiert, wenn der Hund versehentlich einen Knollenblätterpilz findet ...!

Zunächst sollte der Hund also das Männchen-Machen lernen. Wenn er das kann, zeigen Sie ihm einen Champignon als neues Kommando und geben dann das Kommando zum Männchen-Machen. Das üben Sie solange, bis der Hund allein auf den Champignon hin schon Männchen macht. Während Sie ihm in den ersten Schritten den Champignon noch hingehalten haben, legen Sie ihn dann auf den Boden. Klappt auch das, führen Sie den Hund zu am Boden liegenden Champignons. Wenn das klappt, können Sie die Pilze in Schritt 3 Ihrer Suchübung einbauen.

Achten Sie bitte wieder sehr darauf, dass keine Spuren zu den von Ihnen versteckten Champignons führen. Im Ernstfall hat der Hund die nämlich auch nicht als Hilfestellung zur Hand. Als nächster Trainingsschritt ist es sinnvoll, die Pilze von einer Hilfsperson, am besten wieder mit Grillzange, auslegen zu lassen, damit sie nicht Ihren Geruch tragen. Es ist wohl bei gekauften Pilzen nicht machbar, dass sie überhaupt keinen menschlichen Geruch an sich haben, aber auf diese Weise können Sie den möglichst gering halten. In diesem Ausbildungsschritt sollten Sie darauf achten, dass sich in dem Suchgebiet keine fremden Pilze befinden. Auch sollten Sie überprüft haben, ob eventuell wirklich Champignons vorhanden sind. Sie sollten die Standorte in diesem Schritt noch kennen, damit Sie dem Hund mit der Anzeige helfen können.

Haben Sie den Hund soweit vorbereitet, kann die Pilzzeit beginnen, und Sie können hoffentlich die Früchte Ihrer Arbeit ernten. Es könnte noch sein, dass der Hund anfangs Schwierigkeiten hat, weil die Pilze, die in Ihrer Umgebung wachsen, etwas anders riechen als die gekauften, je nachdem welchen spezifischen Geruch der Hund als Pilzgeruch verknüpft hat. Aber nach einigen Wiederholungen mit den Pilzen auf der Wiese dürfte das kein Problem mehr sein. Denken Sie daran, auch den Hund fürstlich zu belohnen, wenn er Ihnen einen gefüllten Korb voll Pilze zusammengesucht hat!

Nach dem gleichen Prinzip werden zum Beispiel auch Rauschgift- oder Sprengstoffspürhunde ausgebildet.

Auch die Flächen- oder die Trümmersuche in der Rettungshundearbeit werden so aufgebaut. Der Hund lernt also, einen bestimmten Ort nach einem bestimmten Geruch abzusuchen.

Der Fantasie sind bei dieser Form des Trainings wieder keine Grenzen gesetzt. Wie wäre es zum Beispiel, wenn Sie Ihrem Hund beibringen würden, Alkohol anzuzeigen und damit zu melden, wenn Herrchen einen getrunken hat?!

Inzwischen gibt es auch Schimmelspürhunde, die dazu ausgebildet sind, in Gebäuden nach Schimmelpilzen zu suchen. Das ist ein Gebiet, auf dem der Hund jeder Technik voraus ist.

Dasselbe gilt für den Hund als Rauchmelder. Auch das ist ein sehr sinnvolles Einsatzgebiet der Hundenase.

Das Arbeiten mit dem Targetduft

In England gibt es eine sehr schöne Turnierart, nämlich Klickerturniere. Dabei bekommen Teams mit vier Leuten und ihren Hunden Aufgaben gestellt, die sie mit Klicker lösen sollen, wie zum Beispiel die Wäsche von der Leine zu holen. Meistens ist unter diesen Aufgaben auch eine Schnüffelaufgabe dabei, zum Beispiel dass der Hund ein Quietsche-Entchen finden muss, dass unter einem von neun Hütchen versteckt ist oder ähnliches. Um auf solche Aufgaben bestens vorbereitet zu sein, wäre eine Möglichkeit, dem Hund das Suchen eines Targetdufts beizubringen, der ihm immer als Ziel dient. Ihr Targetduft könnte zum Beispiel Walnussöl sein. Wenn der Hund gelernt hat, das deutlich anzuzeigen, brauchen Sie nur den in der jeweiligen Aufgabe zu suchenden Gegenstand mit etwas Walnussöl zu bestreichen.

Das ist zum Beispiel auch eine Lösung für bestimmte Aufgaben bei einem zukünftigen Schnüffelturnier. Es vereinfacht manche Aufgaben erheblich.

Auch bei der Zaubervorführung mit Hund finden Sie Aufgaben, in denen ein Targetduft sehr brauchbar ist. Der Fantasie im Gebrauch eines Targetduftes ist kaum Grenzen gesetzt. Wie wäre es zum Beispiel, wenn Sie den Targetduft für die Begleithundeprüfung als Hilfe einsetzen, damit der Hund schön zu Ihnen hinsieht? Das fällt keinem auf. Sie müssen nur etwas mit der geeigneten Stelle experimentieren:

zum Beispiel im Bereich Ihres Bauchnabels oder etwas weiter links unten. Schließlich soll der Hund Sie ja auch nicht bedrängen.

Das Training:

Schritt 1:
Wählen Sie zunächst einen geeigneten Duft aus. Der sollte nicht so alltäglich sein, wie zum Beispiel Bratwurstduft. Schließlich soll der Hund nicht zu jeder Frittenbude rennen.

Schritt 2:
Nehmen wir jetzt unser Walnussöl. Geben Sie etwas davon in ein Glas oder in ein Glas mit Deckel, der einige Löcher enthält. Wann immer Ihr Hund Interesse für dieses Glas zeigt, bekommt er einen Klick und seine Belohnung.

Schritt 3:
Jetzt überlegen Sie sich eine mögliche Anzeige. Natürlich ist wieder jede Form der Anzeige möglich. Wenn Sie mit dieser Methode jedoch die Begleithundeprüfung bestehen wollen, ist ein »Platz – Bleib« nicht so günstig. Wie wäre es zum Beispiel damit, dass der Hund mit der Nase am Duft »kleben« bleibt und mit dem Schwanz wedelt?

Diese Anzeige wird also jetzt in diesem Schritt trainiert. Zögern Sie dazu den Klick immer etwas heraus, solange der Hund die Nase noch am Walnussöl hat, bis er das dann auch über einen längeren Zeitraum zeigt. Arbeiten Sie auf diese Art mit dem Klicker, haben Sie das Schwanzwedeln meist schon automatisch.

Schritt 4:
Bauen Sie nun diese Anzeige vor dem Walnussöl auf. Damit der Hund wirklich verstehen lernt, was gemeint ist, sollten Sie die Grundlage für das Öl variieren: Mal ist es also im Glas, mal auf dem Quietsche-Entchen, mal auf einem Stück Stoff usw. Eine schöne Herausforderung ist das Walnussöl auf einem Stück Fleischwurst!

Schritt 5:
Jetzt sollte der Hund das Walnussöl unter mehreren gleichen Gegenständen herausfinden. Also von beispielsweise drei Marmeladengläsern enthält nur eines das Öl. Dieses eine soll der Hund anzeigen.

Oder das »duftende« Quietsche-Entchen ist unter den Blumentöpfen versteckt (siehe Blumentopfspiel, Seite 54). Unter welchem ist es?

Jetzt können Sie dem Hund die unterschiedlichsten Aufgaben mit dem Targetduft stellen.

Begleithundeprüfung

Verlorensuche

Es ist überaus nützlich, wenn man einen Hund hat, der einen verlorenen Gegenstand suchen und anzeigen kann. In der »Schnüffelstunde« wurde das schon einmal vom Prinzip her vorgestellt. Hier möchten wir jetzt die Schritt-für-Schritt-Anleitung nachliefern.

Voraussetzungen sind die Übungen »Der Hund sucht sein Motivationsmittel« und »Freie Suche eines bestimmten Gegenstandes«. Sobald der Hund gelernt hat, einen bestimmten Gegenstand recht sicher zu verweisen (Schritt 3 in »Freie Suche eines bestimmten Gegenstandes«), lassen Sie ihn einen neuen Gegenstand anzeigen, damit er sich gar nicht auf einen zu sehr festlegt.

Wenn Sie beide Übungen parallel machen wollen, ist das durchaus möglich. Hier sind wieder unterschiedliche Signale sinnvoll, die dem Hund deutlich machen, dass das zwei verschiedene Aufgaben sind. So können Sie zum Beispiel den bestimmten Gegenstand zunächst mal in der Wohnung suchen. Die Verlorensuche würde ich sofort im Gelände beginnen. Denn dort wird sie später gebraucht.

Machen wir uns zunächst einmal klar, was der Hund dabei lernen soll. Der Hund soll eine bestimmte Gegend absuchen, nach irgendeinem nach Mensch riechenden Gegenstand. Warum ist es so wichtig, dass wir uns die Aufgabe klar machen? Natürlich wieder für das Training. Denn wissen wir nicht genau, was wir wollen, wie sollen wir es dem Hund dann beibringen?

Der Hund sucht hierbei also nicht einen bestimmten Gegenstand, sondern alles, was nach Mensch riecht oder vielleicht auch alles, was nicht in die Umgebung passt.

Wieder können wir ja nicht genau sagen, was er verknüpft. Man könnte diese Übung also auch nennen: »Zeige mir alles, was nicht dahin gehört!«

Schicken wir den Hund also auf einer Wiese einen verlorenen Schlüssel suchen und er kommt mit einer Coladose an, müssen Sie ihn natürlich belohnen! Denn auch damit hat er die Aufgabe richtig gemacht. Belohnen Sie ihn also und schicken Sie ihn erneut los. Je nachdem in welcher Gegend Sie den Hund suchen lassen, ist es vielleicht ganz sinnvoll, eine Mülltüte dabei zu haben. Dann leisten Sie beide einen Beitrag zum Umweltschutz!

Wenn man sich klar macht, was der Hund bei dieser Übung lernt, ist auch verständlich, weshalb Sie ihn nicht in der Wohnung suchen lassen können. Dort riecht nämlich alles nach Mensch. Hat Ihr Hund verknüpft, alles zu suchen, was nicht in die Umgebung passt, kann er unter Umständen etwas von einer fremden Person suchen, die etwas in Ihrer Wohnung verloren hat. Das käme dann auf einen Versuch an (Forschungsaufgabe Nr. 2). Denn wieder gilt: Wir können nicht vorhersagen, was der Hund letztendlich verknüpft.

Aber nun zum Aufbau der Verlorensuche:

Wir beginnen mit Schritt 4, weil die ersten 3 Schritte mit der Aufgabe »Freies Suchen eines bestimmten Gegenstandes« (Seite 13) identisch sind, mit dem Unterschied, dass Sie sie direkt draußen im Gelände beginnen.

Schritt 4:
Führen Sie jetzt das Kommando und das Ritual für »Such verloren« ein. Das könnte zum Beispiel sein, dass Sie sich zum Hund hinunterbeugen und mit der Hand neben seiner Nase die Suchrichtung angeben.

Wenn Sie mehrere Übungen parallel trainieren, empfehlen wir Ihnen, die Kommandos und Rituale genau aufzuschreiben, damit Sie sie auch immer beibehalten.

Schritt 5:
Lassen Sie den Hund nun einen neuen Gegenstand suchen. Das ist wieder ein ganz entscheidender Schritt in der Ausbildung! Beobachten Sie den Hund bei der Suche genau. Sobald er bei dem neuen Gegenstand zögert, wird er mit einem Jackpot belohnt. Die meisten Hunde zögern wenigstens kurz, und das gilt es einzufangen.

Schritt 6:
Arbeiten Sie in dieser Art mit unterschiedlichen Gegenständen, die zunächst noch alle Ihren Geruch tragen, solange, bis der Hund sicher anzeigt.

Schritt 7:
Bitten Sie nun eine Hilfsperson, Ihre Gegenstände eine Weile in den Händen zu halten und dann zu »verlieren«. Auf diese Weise führen Sie den Hund langsam an fremde Gerüche. Toll ist es, wenn Sie das mit mindestens fünf verschiedenen, dem Hund teilweise völlig fremden Menschen machen können.

Schritt 8:
Jetzt ist es an der Zeit, Gegenstände von fremden Personen suchen zu lassen. Wenn also mal eine andere Person mit Ihnen spazieren geht, bitten Sie sie, unterwegs etwas zu »verlieren« und schicken Sie Ihren Hund dann zurück zum Suchen.

Das ist jetzt wieder so ein entscheidend neuer Schritt in der Ausbildung, bei dem Sie sehr aufpassen müssen. Auch hier gilt wieder, dass die meisten Hunde diesen fremden Gegenstand wenigstens kurz wahrnehmen. Und das müssen Sie wieder einfangen!

Natürlich gibt es dann einen Jackpot, also eine ganz besonders tolle Belohnung!

Schritt 9:
Üben Sie nun mit vielen unterschiedlichen Gegenständen von unterschiedlichen Personen.

Diese Personen müssen nicht immer mit Ihnen spazieren gehen. Sie können sich auch Dinge ausleihen, die Sie sich in eine Tüte mit Zippverschluss stecken lassen. Damit können Sie auch fremde Gegenstände mitnehmen, ohne dass Sie sie anfassen müssen.

Schritt 10:
Üben Sie an vielen unterschiedlichen Orten.

Schritt 11:
Üben Sie mit Gegenständen, die schon unterschiedlich lange im Gelände liegen (Forschungsaufgabe Nr. 1).

Mögliche Schwierigkeiten:
Den Hund interessiert ein neuer Gegenstand überhaupt nicht. Er beachtet ihn nicht, sondern sucht nur nach dem, den er bisher gesucht hat. Es ist auch kein kurzes Zögern zu beobachten oder Sie haben es beim ersten Mal verpasst und nun zeigt der Hund es nicht wieder.

Wiederholen Sie die Schritte 1 - 3 mit dem neuen Gegenstand, allerdings schon mit dem Ritual aus Schritt 4. Das müssen Sie unter Umständen mit mehreren Gegenständen machen, bis Schritt 6 sicher klappt.

Der Hund zeigt alles mit Ihrem eigenen Geruch sehr schön an, nicht aber etwas von einer fremden Person.

Sie können entweder die Schritte 1 - 3 noch einmal wiederholen, diesmal eben sofort mit fremden Gegenständen, oder Sie trainieren intensiver an Schritt 7. So könnte eine Hilfsperson Ihren Gegenstand anfangs nur kurz in den Händen haben, mit der Zeit aber immer länger oder vielleicht sogar eine Nacht mit nach Hause nehmen. Achten Sie darauf, dass Sie nicht nur mit einer Person üben.

Der Hund hat die Aufgabe zwar verstanden, sucht auch ganz schön, wenn er Lust hat. Oft hat er die aber nicht und interessiert sich für andere Dinge.

In diesem Fall muss die Motivation des Hundes gesteigert werden. Wichtig ist bei diesen Aufgaben, dass Sie dem Hund immer wieder deutlich machen, wie toll er ist, wenn er findet. Dann sollten einige Minuten Hund-Loben angesagt sein. Am besten trainieren Sie das vorher mal. Spielen Sie zum Beispiel mal drei Minuten mit Ihrem Hund! Das kommt einem ganz schön lange vor. Drei Minuten Belohnung sollte aber das Mindeste sein, wenn der Hund etwas für Sie gefunden hat! Das Geben von Leckerchen kann man übrigens auch ganz schön spielenderweise herauszögern. Lassen Sie den Hund dem Leckerchen in der Hand nachlaufen und machen Sie richtig Stimmung. Vergessen Sie das Loben in den höchsten (bitte wörtlich nehmen) Tönen nicht!

Verlorensuche - Feinsuche

Im Unterschied zu der vorherigen Aufgabe sucht der Hund bei der Verloren - Feinsuche nur eine relativ kleine Fläche (ca. 10 bis 100 m^2) ab. Ein dafür ausgebildeter Hund ist sehr brauchbar, wenn zum Beispiel jemand einen kostbaren Ring oder Ohrring auf dem Rasen verloren hat. Bei dieser Feinsuche werden also recht kleine Gegenstände in einem markierten Feld abgesucht.

Warum wird diese Aufgabe überhaupt von der vorherigen unterschieden? Kann ein für die Verlorensuche ausgebildeter Hund denn nicht einen Ring in einem Rasen finden? Vielleicht. Versuchen Sie es einfach.

Wir unterscheiden die Übung deswegen, damit für den Hund deutlich ist, dass er bei der Feinsuche wirklich Zentimeter für Zentimeter absuchen soll. Es ist also eigentlich ein ganz anderes Arbeiten. Oft bieten Hunde von sich aus entweder die eine oder die andere Art der Arbeit an. Es kann aber auch durchaus ein Hund beide Suchformen lernen.

Dafür ist wieder ein unterschiedliches Signal wichtig, damit der Hund deutlich unterscheiden kann, was von ihm erwartet wird. Bei der Feinsuche markieren wir die abzusuchende Fläche mit dem orange-weißen Absperrband, das wir auf die Erde legen. Wir beginnen das Training gerne mit kleinen Metallstückchen. Es können auch Münzen sein. Ringe oder Ohrringe kommen erst dann ins Spiel, wenn der Hund mit der Suche und der Anzeige ziemlich sicher ist.

Die Trainingsschritte sind ansonsten die gleichen wie in der Verlorensuche. Bei der Anzeige ist zu überlegen, ob das Apportieren so sinnvoll ist. Schließlich könnte der Hund einen kleinen Gegenstand leicht verschlucken. Auf der anderen Seite ist auch das Apportieren sehr kleiner Gegenstände eine schöne Herausforderung. Wieder gibt es keine allgemeingültigen Vorgehensweisen. Jeder muss für sich die passende finden.

Mögliche Schwierigkeiten bei der Verloren - Feinsuche:
Der Hund läuft einfach los, überrennt sämtliche Markierungen und sucht eher grob und nicht so fein, dass er kleine Gegenstände finden könnte.

Nehmen Sie den Hund an die Leine. Zeigen Sie ihm unter Umständen die sehr feine Suche Stück für Stück, indem Sie ihn wirklich jeden Zentimeter absuchen lassen. Erst wenn er das verstanden hat, können Sie ihn wieder ohne Leine suchen lassen.

Der Hund nimmt die kleinen Gegenstände einfach nicht wahr.

Sollte das der Fall sein, was relativ häufig vorkommt, muss man zunächst einen Trainingsschritt speziell dafür einbauen. Solche kleinen Teile spielen ja normalerweise im Leben des Hundes überhaupt keine Rolle. Er muss also zunächst lernen, wie wichtig sie uns sind. Hierfür kann der Klicker wieder gute Dienste leisten. Machen Sie zunächst mit einer Münze eine Art Targettraining (siehe Hundeschule S. 42). Wenn der Hund mit der Schnauze in Richtung Münze zeigt, gibt es ein Klick und die Belohnung. Verwenden Sie dabei ruhig schon das Kommando für die Feinsuche. Aus dieser Übung kann man auch sehr schön die Anzeige aufbauen. Wie wäre es zum Beispiel damit, dass der Hund sich hinlegen soll, mit der Nase auf dem Boden in Richtung des Gegenstandes, was oft als »Down« bezeichnet wird?

Klick ... wenn er guckt.

Dazu muss der Hund das Down natürlich erst mal unabhängig von der Targetübung lernen. Wie wäre es mit freiem Formen? Klickererfahrene Hunde lernen damit erstaunlich schnell. Bei dieser Art des Trainings muss sich der Hund das erwünschte Verhalten selbst erarbeiten. Mit dem Klicker kann man ihm zeigen, wann er sich auf dem richtigen Weg befindet. Ein solches Training könnte folgendermaßen aussehen: Zunächst gibt es also den Klick und die Belohnung dafür, dass der Hund in Richtung der Münze guckt. Wenn er das verstanden hat, werden die Kriterien erhöht und er muss sich als Nächstes mit der Nase der Münze nähern, sagen wir bis auf 20 cm. Hat er auch das verstanden, soll er sich weiter nähern, bis er schließlich die Münze mit der Nase berührt. Macht er das

Nase ca. 20 cm vor Münze – klick.

Nase an der Münze – klick.

zuverlässig, werden die Kriterien wieder erhöht und der Hund muss sich – will er sich wieder eine Belohnung verdienen – zuerst hinlegen. Dann muss er sich hinlegen mit der Nase an die Münze. Sie verstehen

Hinlegen vor Münze – klick.

Hinlegen und Nase an Münze – klick.

das Prinzip. Wenn der Hund einen Trainingsschritt verstanden hat und durch die Wiederholungen gewöhnt ist, Leckerchen zu bekommen, wird ein Ausbleiben der Leckerchen zunächst Frust für ihn bedeuten. Vor lauter Frust versucht er es noch besser zu machen, um es uns so richtig zu zeigen. Dabei gibt es dann oft den nächsten Schritt in die richtige Richtung, den Sie wieder mit Klick und Leckerchen belohnen können. So wird das erwünschte Verhalten Schritt für Schritt frei geformt. »Frei« deshalb, weil man dem Hund keinerlei Hilfestellung gibt, außer den Signalen mit dem Klicker, wenn er sich auf dem richtigen Weg befindet.

Eine andere Möglichkeit wäre, den Hund mit einem Leckerchen in die gewünschte Position zu locken und dann zu belohnen. Oder Sie können das gewünschte Verhalten einfangen, wenn der Hund es einmal von sich aus zeigt. Mit »einfangen« meinen wir wieder »zum genau richtigen Zeitpunkt belohnen«.

Zeigt der Hund das »Down« zuverlässig, wird das Kommando dafür eingeführt. Kann er das Wortkommando, kommt als Nächstes die Münze als neues Kommando dazu: Neues Kommando (Münze) -› Wortkommando. Führt der Hund alleine auf das neue Kommando, also die Münze, das Verhalten aus, dann können Sie es in die Suche einbauen.

Dummy-Arbeit

Bei der Dummy-Arbeit, wie sie hauptsächlich von den Retrievern betrieben wird, geht es neben dem Apportieren auch um die Verlorensuche. Der Dummy ersetzt im Training das Stück Wild, das die Hunde nach dem Schuss zum Jäger bringen sollen. Um die Hunde im Training möglichst gut auf die Anforderungen einer Jagd vorzubereiten, werden ihnen unterschiedliche Aufgaben gestellt.

Oft sehen die Hunde bei der Jagd, wo das geschossene Wild hinfällt, das sie anschließend bringen sollen, das so genannte Markieren. Manchmal sehen sie das aber auch nicht. Dann müssen sie nach Vorgabe des Schützen ein bestimmtes Gebiet absuchen und das darin befindliche Wild zum Jäger bringen. Die Hunde sollen sich dabei möglichst genau an den vorgegebenen Suchbereich halten, damit sie nicht weiteres Wild aufschrecken.

Natürlich üben nicht alle Retriever für den Ernstfall auf der Jagd. Für viele ist es nur eine schöne sinnvolle Beschäftigung, weil sie für diese Aufgabe gezüchtet wurden. So kann die Dummy-Arbeit auch für jeden anderen Hund interessante Herausforderungen liefern, mit denen man den Hund sowohl körperlich als auch geistig beschäftigen kann. Die Verlorensuche mit dem Dummy ist natürlich wieder eine schöne Schnüffelaufgabe.

Die Aufgabe, die bei den Retrievern auch in Prüfungen bewertet wird, sieht dabei folgendermaßen aus: Das Suchgebiet ist ca. 50 x 50 Meter groß. Bei schwierigem Gelände kann es auch etwas kleiner sein oder bei leichtem entsprechend größer. In diesem Suchgelände sind zehn oder mehr Dummys verteilt. Von einer Seitenlinie, der Grundlinie, schickt der Hundeführer seinen Hund zur Verlorensuche. Findet der einen Dummy, soll er ihn aufnehmen und auf direktem Wege zu seinem Menschen bringen. Dann wird er wieder losgeschickt. Auf diese Art und Weise soll er unterschiedlich viele Dummys bringen. Meist sind aber viel mehr Dummys im Suchgebiet als der Hund bringen soll.

Im Unterschied zu den bisherigen Aufgaben haben wir es also mit neuen Herausforderungen zu tun, die da wären:

- Der Hund soll hintereinander mehrere Gegenstände finden.
- Er soll die gefundenen Gegenstände auf direktem Weg zum Hundeführer bringen, auch ohne zu tauschen, wenn er an einem

weiteren Gegenstand vorbeikommt.
- Er soll sich in unterschiedlich schwere Gelände schicken lassen.
- Er soll ein vorgegebenes Gelände gründlich absuchen, wobei der Hundeführer auf der Grundlinie bleibt.
- Er soll wissen, dass er Dummys suchen soll.

Fangen wir mit dem letzten Punkt an: Der Hund soll die Dummys suchen.

Das klingt sehr banal. Aber ist es das? Zunächst müssen Sie sich als Hundeführer wieder Gedanken machen, was Sie genau dem Hund beibringen wollen. Haben Sie schon die Verlorensuche trainiert, können Sie entweder das gleiche Kommando beibehalten oder ein neues verwenden. Bei der Verlorensuche soll der Hund Ihnen alles anzeigen, was nach Mensch riecht. Da die Dummys auch nach Mensch riechen, ist das also das gleiche. Sollten Sie aber mit dem Gedanken spielen, einmal an einer Dummyprüfung mitzumachen, würde ich Ihnen ein neues Ritual mit einem neuen Kommando empfehlen. Es würde sonst während der Prüfung bestimmt zur allgemeinen Erheiterung führen, wenn Ihr Hund anstelle eines Dummys eine leere Flasche oder sonst was, das nach Mensch riecht, aus dem Suchgebiet bringt.

Für die neue Aufgabe muss der Hund also zunächst einmal lernen, was ein Dummy ist. Auch dazu lohnt es sich, sich wieder Gedanken zu machen, um spätere Fehler in der Ausbildung möglichst zu vermeiden. Ein Dummy ist also ein unterschiedlich großes sackförmiges Gebilde, das aus unterschiedlichen Materialien bestehen und unterschiedliche Farben haben kann, unterschiedlich stark gefüllt ist und schließlich noch unterschiedlich riecht. Ganz schön kompliziert. Und das alles soll der Hund unter dem Begriff Dummy verstehen! Sie verstehen jetzt sicher, dass das einiges an Training erfordert.

Bauen wir es am besten wieder Schritt für Schritt auf:

Maja findet ein Handy …

… und bringt es ihrer Besitzerin.

Julie sucht Kamillentee.

Hat sie ihn zwischen den anderen Teesorten gefunden, zeigt sie das durch Hinlegen an.

Damon sucht ein im Stroh verstecktes Spielzeug mit Trüffelgeruch.

Dadurch lernt er, dass das Buddeln mit zum Suchen dazugehört.

Gefunden!

Für Romeo ist das Trüffelspielzeug schon unter Sand versteckt.

Silas startet zur Champion-suche.

Halt, das war doch was!

Silas zeigt deutlich die gefundenen Champions an.

Molly bringt den gefundenen Dummy.

Sie gibt ihn nach einem schönen Vorsitzen ihrer Besitzerin.

Es erfordert schon einiges an Übung, einen winzig kleinen Gegenstand aufzunehmen. Hätte das Bild Töne, könnten Sie die Anstrengung sogar hören!

Damon hat den Blumentopf mit dem Leckerchen gefunden.

Beim Feinschmeckerspiel sucht sich Maja ihr Lieblingsleckerchen.

Andor sucht aus den Tannenzapfen den, der nach seiner Besitzerin riecht.

Aus dem ganzen Berg Schuhe findet Nuja den richtigen ...

... und bringt ihn Lisa.

Ole hat die erste Station der Riechrally gefunden. Durch Hinlegen zeigt er Peter das richtige Glas an. In dem Glas befindet sich der Duft, der zur nächsten Station führt.

Querida sucht die Hände ab und zeigt mit ihrer Pfote, in welcher Hand sich das Leckerchen befindet.

Schritt 1:

Der Hund lernt Dummys zu apportieren. Das Trainieren des Apportierens ist in dem Buch »Hundeschule« (Viviane Theby, Kosmos-Verlag) beschrieben, deswegen werden wir uns den Trainingsaufbau hier sparen. Wichtig ist aber, dass von Anfang an mit unterschiedlichen Dummys gearbeitet wird. Weiterhin ist wichtig, dass – sobald die Verhaltenskette des Apportierens aufgebaut ist – schon an der Geschwindigkeit gearbeitet wird. Der Hund soll zügig zum Dummy laufen und ihn auch schnell wieder zurückbringen. Wenn die Verhaltenskette, die ja aus den Einzelschritten des Apportierens besteht, von hinten aufgebaut wird, arbeiten wir von Anfang an dem entgegen, dass sich der Hund von einem anderen im Weg liegenden Dummy ablenken lässt. Denn das sollte er nicht. Er sollte nicht den Dummy, den er im Maul hat, gegen einen anderen eintauschen. Das kann man also schon gut in diesem ersten Schritt trainieren.

Schritt 2:

Wenn der Hund unterschiedliche Dummys apportieren kann, werfen Sie ihm einen Dummy in ein Gelände, wobei er zusehen soll.

Wenn Sie ihn geworfen haben, schicken Sie den Hund aber nicht sofort zum Apportieren los, sondern gehen zunächst noch einige Minuten spazieren oder lassen ihn andere Übungen machen.

Nach einiger Zeit gehen Sie an den Ausgangspunkt, von wo Sie den Dummy geworfen haben und schicken den Hund mit dem Ritual für die Dummysuche – das Sie sich bis dahin ausgesucht haben sollten – los. Er wird sich daran erinnern, dass da eben der Dummy geworfen wurde und loslaufen, um ihn zu suchen.

Wiederholen Sie diesen Schritt einige Male.

Schritt 3:

In diesem Schritt sieht der Hund nicht mehr, wie der Dummy geworfen wird. Dadurch, dass Sie Schritt 2 aber einige Male wiederholt haben, wird der Hund Ihr Suchritual mit dem zu suchenden Dummy verknüpft haben und sich auf die Suche machen.

Hat er diesen Trainingsschritt das erste Mal gut umgesetzt, zeigen Sie ihm, wie toll er ist. Das gibt natürlich einen Jackpot!

Schritt 4:

Lassen Sie den Hund nun bewusst unterschiedliche Dummys suchen. Das ist wieder ein ganz entscheidender Schritt in der Ausbildung! Beobachten Sie den Hund bei der Suche genau. Sobald er Ihnen einen neuen Dummy bringt, wird er mit einem Jackpot belohnt. In diesem Schritt sollten die Dummys noch alle Ihren Geruch tragen, also Ihre eigenen sein oder schon der ein oder andere neue.

Achten Sie aber auf unterschiedliche Farben, Stoffe und Füllungen, damit der Hund die ganze Bandbreite der Dummys kennen lernt.

Schritt 5:

Bitten Sie nun eine Hilfsperson, Ihre Dummys eine Weile in den Händen zu halten und dann zu verlieren. Auf diese Weise führen Sie den Hund langsam an fremde Gerüche. Toll ist es, wenn Sie das mit mindestens einem halben Dutzend verschiedener Menschen machen.

Schritt 6:

Jetzt ist es an der Zeit, Dummys von fremden Personen suchen zu lassen. Das ist jetzt wieder so ein entscheidend neuer Schritt in der Ausbildung, bei dem Sie sehr aufpassen müssen. Oft nehmen die Hunde einen so fremden Dummy zunächst gar nicht wahr, weil er nicht wie gewohnt riecht. Meistens zögern die Hunde aber kurz bei diesem fremden Dummy. Dieses erste Wahrnehmen sollen Sie schon belohnen, auch wenn der Hund den Dummy dann noch nicht gebracht hat. Damit zeigen Sie ihm, dass er auf dem richtigen Weg ist. Beim nächsten Versuch wird er ihn dann bestimmt auch apportieren.

Schritt 7:

Üben Sie nun mit vielen unterschiedlichen Dummys von unterschiedlichen fremden Personen. Das ist unter Umständen ein logistisches Problem.

Bedenken Sie auch, dass der Hund die Leute aus der Übungsgruppe sehr schnell kennt. Das sind keine fremden Personen mehr. Vielleicht haben Sie aber einen Bekannten, der auch Dummyarbeit macht, aber zu weit weg wohnt, als dass Sie mit ihm zusammenarbeiten könnten. Vielleicht können Sie mit dem mal einige Dummys tauschen. Oder Sie bestellen sich einige neue Dummys und verteilen die, ohne dass Sie sie vorher angefasst haben, an alle möglichen Leute, mit denen Ihr Hund nichts zu tun hat. Nach einer Woche holen Sie sich die Dummys wieder ab. Lassen Sie sie in eine Plastiktüte mit Zippverschluss stecken, so dass Sie sie nicht anfassen müssen. Dann haben Sie neue fremde Dummys fürs Training.

Schritt 8:
Bringt Ihr Hund sicher alle möglichen unterschiedlichen Dummys, dann ist es an der Zeit, mehrere auszulegen. Beginnen Sie mit dreien. Jedesmal, wenn er Ihnen einen gebracht hat, wird er belohnt und wieder neu auf Suche geschickt.

Schritt 9:
Steigern Sie die Zahl der ausgelegten Dummys variabel. Mal liegen drei, mal fünf, mal zwei, mal vier, mal sechs usw. Der Hund sollte nie vorhersagen können, wie viele Dummys er bringen soll, sonst wird er sich allzu schnell auf diese bestimmte Zahl festlegen und danach nicht weitersuchen wollen.

Schritt 10:
Jetzt wird es Zeit, in unterschiedlich anspruchsvollen Geländen zu üben. Trainieren Sie also an vielen unterschiedlichen Orten. Haben Sie bis jetzt die Übungen vielleicht auf der Wiese gemacht, so wählen Sie jetzt höheres Gras oder Brachflächen als Suchgebiete. Haben Sie sich mit Ihrem Förster besprochen, können Sie bestimmt auch mal im Wald suchen lassen.

Alleine mit den unterschiedlichen Suchgeländen können Sie viele abwechslungsreiche Übungen aufbauen. Der Fantasie sind bei der Auswahl des Geländes kaum Grenzen gesetzt. Sie können den Hund auf ebener Erde suchen lassen, auf einem steilen Hang nach oben oder nach unten. Es kann ein Wasserlauf durch das Suchgebiet führen oder andere Herausforderungen. Steigern Sie wie immer die Anforderungen nur so weit, dass der Hund auch Erfolg haben kann.

Schritt 11:
Üben Sie mit Dummys, die schon unterschiedlich lange im Gelände liegen. Es ist für den Hund nicht dasselbe, ob der Dummy erst fünf Minuten oder schon drei Stunden an seinem Ort liegt.

Mögliche Schwierigkeiten:
Der Hund läuft immer über die Grenzen des Suchgeländes hinweg.

Eine kleine Strecke darf er natürlich auch über die Grenzen des Suchgeländes hinauslaufen. Manchmal ist das ja sogar von der Windrichtung her notwendig. Läuft der Hund aber ständig zu weit weg, ist es sinnvoll, ihm ein Kehrt-Kommando beizubringen, woraufhin er umdrehen soll. Oder rufen Sie den Hund zu sich zurück und setzen ihn neu an. Irgendwann wird er sich an die vorgegebene Größe halten.

Der Hund sucht immer nur vorne im Gelände und lässt den hinteren Teil aus.

Manche Hunde lösen sich nicht gerne vom Hundeführer. Ihnen fällt es schwer, im hinteren Bereich des Suchgeländes zu arbeiten. Mit einem solchen Hund sollte man nach und nach die Entfernung vergrößern, in der er einen Dummy findet. Erst, wenn er einen einzelnen Dummy in größerer Entfernung finden kann, ist es sinnvoll, ihn in ein Suchgebiet mit mehreren Dummys zu schicken.

Der Hund überläuft immer den vorderen Teils des Geländes und sucht erst hinten.

Das passiert in der Regel mit sehr energiegeladenen, übereifrigen Hunden. Es gibt mehrere Möglichkeiten. Eine davon ist, dass Sie den Hund so ansetzen, dass er einen Dummy aus der Nähe sofort in der Nase haben kann. Sie müssen also auf die Windrichtung achten und wissen, wo ein Dummy in der Nähe liegt.

Dabei ist wichtig, dass weiter hinten keine Dummys liegen, so dass der Hund kein Erfolgserlebnis hat, wenn er doch zuerst nach hinten läuft.

Eine nächste Möglichkeit ist die, dass Sie den Hund eine Weile an die lange Leine nehmen, bis er gelernt hat, auch in der Nähe zu suchen. Oder Sie gehen genau anders herum vor wie bei der vorherigen Schwierigkeit. Der Hund soll zunächst einen Dummy auf Entfernung suchen, die Sie dann nach und nach verringern. Erst, wenn er das an einem Dummy kann, wird er wieder in ein Gebiet mit mehreren Dummys geschickt.

Später im Training müssen Sie darauf achten, dass die Dummys immer gut verteilt sind, der Hund also immer wieder sowohl vorne als auch hinten suchen muss.

Der Hund lässt sich nur für einen Dummy motivieren. Danach hat er keine Lust mehr.

Dieses Problem stellt sich häufig, wenn über zu lange Zeit nur mit einem Dummy gearbeitet wird. Oder man findet es bei Hunden, die sowieso nicht so sehr für die Arbeit zu motivieren sind. Die Vorgehensweise ist die gleiche:

Eine Möglichkeit ist, dass Sie nach einer Suche eine Pause machen, bis der Hund wieder fit ist. Danach darf er den nächsten Dummy suchen. Diese Pause wird dann von Mal zu Mal immer kürzer gehalten, bis sie schließlich ganz wegfällt.

Eine andere Möglichkeit ist die, dass Sie den Hund zunächst einen Dummy suchen lassen. Wenn er ihn bringt, lassen Sie einen in unmittelbarer Nähe auslegen, ohne dass der Hund ihn sieht. Schicken Sie ihn jetzt noch einmal zur Suche los, sollte er diesen Dummy sofort in die Nase bekommen. Damit hat er ein weiteres Erfolgserlebnis, das ihn bestimmt motivieren lässt.

Hunde, die sich übers Werfen motivieren lassen, kann man nach der Suche des einen Dummys auch einen zweiten ins Gelände werfen.

Später wird ähnlich mit einem dritten oder einen vierten Dummy verfahren. Dann ist es wichtig, dass Sie immer an einer unterschiedlichen Anzahl trainieren, damit sich der Hund nicht wieder auf eine bestimmte Zahl festlegt.

Der Hund wartet im Gelände auf Hilfen von seinem Menschen. Er »fragt« wo er suchen soll.

Hier muss man zunächst hinterfragen, ob der Trainingsaufbau so war, dass der Hund die Übung auch wirklich schon verstanden hat. Nicht immer hat in der Beziehung der Hund die gleiche Auffassung wie wir. Wir müssen uns aber immer nach dem Hund richten. Sicherheitshalber würde man also die Trainingsschritte noch einmal durchgehen, um dem Hund die Aufgabe wirklich klar zu machen.

Ist das der Fall, darf man dieses Fragen natürlich nicht belohnen, indem man dem Hund dann hilft. Hunde sind natürlich auch gerne bereit, Energie einzusparen und nutzen nur zu gerne die Hilfen des Hundeführers. Tun Sie einfach so, als würden Sie das gar nicht bemerken. Hat er die Aufgabe verstanden, wird er schon weiter suchen.

Nasenspiele mit Blumentöpfen

Blumentöpfe sind ganz hervorragende Hilfsmittel für die Nasenspiele. Haben Sie einen sehr vorsichtigen Hund, tun es die billigen Plastiktöpfe. Für Hunde, die gerne zerstören, oder alles gerne durch die Gegend tragen, empfehlen wir Tontöpfe so ab 14 cm Durchmesser. Die halten schon einiges aus, sind von den Hunden auch nicht so leicht aufzunehmen, es sein denn, sie kippen sie vorher um. Unter diese Größe passt auch schon eine schöne Anzahl an Motivationsmitteln.

Einfaches Blumentopfspiel

Schritt 1:

Nehmen Sie drei Blumentöpfe und stellen Sie sie in einer Reihe auf, mit dem Boden nach oben. Lassen Sie den Hund in einiger Entfernung warten. Beherrscht er das »Bleib« noch nicht, binden Sie ihn an oder lassen ihn von jemandem festhalten.

Zeigen Sie ihm noch einmal das Motivationsmittel, also etwas, was er sehr gerne mag, seien das jetzt besonders gute Leckerchen oder sein Lieblingsspielzeug. Gehen Sie zu den Blumentöpfen. Heben Sie jeden Blumentopf an und tun Sie so, als ob Sie das Motivationsmittel darunter legen. Ihr Hund sollte wirklich nicht sehen, unter welchem der Töpfe das tolle Ding ist. Gehen Sie zu ihm zurück und lassen ihn suchen. Machen Sie das von Anfang an wieder mit einem ganz bestimmten Ritual, zum Beispiel, indem Sie sich neben den Hund knien und ihm ein ganz bestimmtes Handzeichen zum Start mit dem Kommando fürs Suchen geben. Wenn er die Blumentöpfe absucht, wird er an einem zeigen, dass dort das ist, was er gerne haben möchte. Sehen Sie sich genau an, was der Hund macht. Das nennt man die natürliche Anzeige. Manche scharren, andere wedeln ganz doll mit dem Schwanz, wieder andere versuchen ihre Nase durch das Loch zu stecken. Wenn Ihnen diese Anzeige gefällt, können Sie sie beibehalten. Wenn nicht, können Sie sich nach einigen Wiederholungen eine andere einfallen lassen.

Schritt 2:
Für den Fall, dass Sie sich eine spezielle Anzeige ausgesucht haben, können Sie diese nach einigen Wiederholungen einführen. Wollen Sie etwa dass der Hund sich hinlegt, geben Sie ihm das entsprechende Kommando, bevor Sie den Blumentopf anheben. Schon nach einigen Wiederholungen wird er sich automatisch hinlegen, wenn er an die Belohnung will. Die Hunde lernen das Blumentopfspiel sehr schnell. Bald sind dann schon die Blumentöpfe das Signal zum Absuchen. Hiermit haben wir wieder die Grundlage für viele schöne Spielideen.

Immer mehr Blumentöpfe

Beherrscht Ihr Hund das einfache Blumentopfspiel, können Sie natürlich die Anzahl der Töpfe erhöhen. Dann ist der Hund entsprechend länger mit der Suche beschäftigt.

Eine nächste mögliche Herausforderung können Sie schaffen, wenn Sie die Blumentöpfe großflächig in der Wohnung oder im Garten verteilen. Dann muss der Hund erst die Blumentöpfe finden, bevor er deren Inhalt untersuchen kann. Je nach Ausdauer und Ausbildungsstand des Hundes können Sie anfangs in jeden zweiten Topf eine Belohnung stecken, die Anzahl dann immer weiter verringern.

Geruchs-Memory

Kennt Ihr Hund das Blumentopfspiel und mindestens drei unterschiedliche Gegenstände, kann man beides sehr schön kombinieren. Legen Sie die Gegenstände unter die Blumentöpfe. Der Hund sollte so weit mit der Ausbildung sein, dass er dabei nicht mehr zuschauen muss. Er soll also die Blumentöpfe als Signal zum Absuchen kennen.

Jetzt lassen Sie den Hund einen dieser drei Gegenstände suchen. Da das jetzt in einem ganz neuen Zusammenhang ist, werden des Hundes Gehirnzellen rauchen. Hat er dieses Spiel mit drei Gegenständen verstanden und zeigt auch in 90% der Versuche den gewünschten Gegenstand an, können Sie die Anzahl beliebig erhöhen. Vielleicht schafft Ihr Hund es ja irgendwann, 100 verschiedene Gegenstände am Geruch zu erkennen!

GERUCHSUNTERSCHEIDUNG

Die Geruchsunterscheidung ist im Vergleich zu den bisher gestellten Aufgaben eigentlich nichts besonderes. Denn auch bei der Geruchsunterscheidung sucht der Hund im Grunde nur nach einem bestimmten Geruch. Trotzdem sind die Menschen oft einerseits sehr beeindruckt und wagen sich andererseits kaum an eine so anspruchsvolle Aufgabe heran. Natürlich darf man auch beeindruckt sein! Es ist schon toll, was die Hunde so leisten. Aber so schwierig wie es zunächst den Anschein hat, ist diese Übung gar nicht. Um Sie davon zu überzeugen, fangen wir mit zwei einfachen Aufgaben an.

Feinschmeckerspiel

Für dieses Spiel brauchen Sie neun bis zwölf Holzhütchen (Bezugsadresse siehe Seite 95), in deren Boden sich jeweils ein kleines Loch befindet. Hier geht es jetzt darum, dass der Hund den Becher anheben kann. Er sollte ihn also ins Maul nehmen können.

Nehmen Sie sich jetzt drei unterschiedlich gute Leckerchen. Das eine könnte das normale Futter des Hundes sein, dazu dann noch zwei spezielle Leckerchensorten. Stellen Sie die Hütchen wie »Alle

Mit einem solchen Hund sollte man dieses Spielchen machen, wenn er satt ist, falls das denn mal vorkommt.

Neune« auf und verteilen Sie die unterschiedlichen Leckerbissen darunter, so dass unter jedem Hütchen ein Leckerchen ist. Ihr Hund darf beim ersten Mal ruhig zuschauen. Dann lassen Sie ihn sein Lieblingsleckerchen wählen.

Hat er einen klaren Favoriten, wird er genau diese Becher als erste anheben. Das ist Geruchsunterscheidung. Jeder Hund kann das.

Sollten Sie einen Labrador oder etwas ähnlich Gefräßiges Ihr Eigen nennen, wird er wahrscheinlich alle Becher anheben. Das heißt dann nicht, dass er den Geruch nicht unterscheiden kann, sondern dass er einfach alles gerne frisst. Mit einem solchen Hund sollte man dieses Spielchen machen, wenn er satt ist, falls das denn mal vorkommt.

Mit nicht ganz so verfressenen Hunden können Sie auf diese Art und Weise schön überprüfen, was sie denn wirklich am liebsten mögen. Von daher ist das auch eine schöne Übung, das beste Motivationsmittel herauszufinden.

Finde deine Leine

Das ist ein schönes Spiel, um es mit einer Gruppe von Hunden zu spielen. Zuerst muss jeder Hund lernen, seine Leine zu apportieren. Geht die Haustüre vor dem Spaziergang immer erst dann auf, wenn der Hund Ihnen die Leine gebracht hat, ist das normalerweise schnell beigebracht.

Im nächsten Schritt muss der Hund dann noch lernen, dass »Bring deine Leine« nicht nur an der Haustüre, sondern auch an anderen Orten gilt. Üben Sie also zunächst ohne Ablenkung an verschiedenen Stellen.

Hat der Hund die Aufgabe gut verstanden, ist er bereit für das nächste Geruchsunterscheidungsspiel.

Legen Sie zusammen mit mehreren Hundehaltern Ihre Leinen alle auf einem Platz zusammen aus. Schicken Sie dann die Hunde hin, ihre Leinen herauszusuchen. Wenn sich die Hunde sehr gut kennen und verstehen, kann man das ruhig alle zusammen machen lassen. Erwarten Sie Streitereien, schicken Sie die Hunde lieber nacheinander los.

Wir haben ein solches Spielchen einmal mit Maulkörben gemacht. Jeder Hund sollte also aus einer Kiste seinen Maulkorb bringen. So etwas beeindruckt dann schon. Nicht nur, dass der Hund seinen eigenen Maulkorb findet, nein, er läuft auch noch sehr freudig zu diesem

Teil, bringt ihn zu seinem Besitzer und lässt ihn sich anziehen. Da sieht man, was ein gutes Maulkorbtraining bewirken kann!

Bringt der Hund bei diesem Spielchen nicht seine Leine (oder Maulkorb), sondern eine andere, übersehen Sie das einfach und schicken Sie ihn noch einmal los, seine Leine zu bringen. Ist er zu abgelenkt mit den anderen Hunden, sollten Sie ihn schrittweise an dieses Ziel heranführen. Zunächst könnten Sie das mit der Leine eines anderen Hundes trainieren, die Sie zu der Leine Ihres Hundes auslegen lassen. Wenn das gut klappt, darf der andere Hund auch dabei sein. So steigern Sie nach und nach die Anzahl der Leinen und der Hunde.

Noch ein Tipp zu den Leinen: Wickeln Sie die Leine so auf, dass der Hund sie gut aufnehmen kann. Damit verhindern Sie außerdem, dass es »Leinensalat« gibt und die Hunde den Haufen Leinen später nicht mehr entwirren können.

Tannenzapfenspiel

Das nächste Spiel, das zeigt, wie einfach die Geruchsunterscheidung ist, ist das Tannenzapfenspiel. Die allermeisten Hunde kennen das und haben das schon oft mit ihren Menschen gespielt, sofern sie gerne apportieren. Nur haben die Menschen dabei meist gar nicht erahnt, was der Hund dabei leistete.

Gehen Sie in einen Wald, wo viele Tannenzapfen auf dem Boden liegen. Zur Not tun es auch Stöckchen. Nehmen Sie sich dann einen Tannenzapfen, halten ihn kurz in den Händen, zeigen Sie ihn dem Hund und werfen ihn weg. Der Hund wird hinterherlaufen und genau diesen Tannenzapfen zurückbringen. Das ist Geruchsunterscheidung! Auch dabei sucht er unter mehreren genau den richtigen, nämlich den mit Ihrem Geruch heraus. Tolle Leistung, oder? Und doch so einfach!

Für die Hunde, die nicht so gerne apportieren, kann man diese Übung aber auch noch etwas abwandeln, damit auch die in den Genuss dieses Spielchen kommen können.

Schritt 1:

Lassen Sie von einer Hilfsperson 10 bis 15 Tannenzapfen in ca. 30 cm Abstand voneinander auf dem Boden verteilen. Haben Sie keine Hilfsperson, können Sie sich auch eine Grillzange mit in den Wald nehmen und das ganze selber machen. Wichtig ist, dass Sie diese Tannenzapfen nicht berühren!

Dann nehmen Sie sich einen Tannenzapfen und halten ihn eine Weile in Ihren Händen, so dass dieser gut Ihren Geruch aufnehmen kann. Lassen Sie den Tannenzapfen mit Ihrem Geruch jetzt von der Hilfsperson zwischen die anderen Zapfen legen. Beim ersten Mal darf der Hund dabei ruhig zusehen. Muntern Sie ihn auf zum Suchen. Sobald er mit der Nase an dem richtigen Zapfen ist, wird er überschwänglich gelobt.

Anfangs kann das noch Zufall sein. Nach einigen Wiederholungen wird er das Spielchen verstanden haben. Dann wird er Ihnen den richtigen Tannenzapfen zeigen.

Schritt 2:

In diesem Schritt wird der Tannenzapfen ausgelegt, ohne dass der Hund zusieht. Spätestens jetzt sollten Sie sich die Anzeigenform überlegt haben. Soll er sich davor hinlegen? Soll er den zu suchenden Zapfen mit der Pfote berühren? Haben Sie sich entschieden, üben Sie zunächst die Anzeige und bauen sie dann in die Übung ein.

Mögliche Schwierigkeiten in der Ausbildung:
Den Hund interessieren die Tannenzapfen überhaupt nicht.

Solche Hunde gibt es. Bei einigen hat man Glück, dass die sich dann aber wenigstens für den Geruch ihres Menschen interessieren und die Übung trotzdem klappt. Manche sind zunächst gar nicht zu motivieren. Einem solchen Kandidaten muss man zunächst zeigen, dass es äußerst lohnend für ihn ist, wenn er sich für diese komischen Dinger interessiert. Am besten geht das wieder mit dem Klicker. Tannenzapfen angucken -› Klick -› Leckerchen. Genau diesen Zapfen nehmen Sie anschließend für die Suchübung. Diesen Zapfen soll er Ihnen aus den anderen herauszeigen. Erst wenn das gut klappt, machen Sie diese Übung mit einem neuen Zapfen, der eben nur Ihren Geruch tragen soll und nicht mehr den des Hundes, weil er den eben noch nicht berührt hatte.

Der Hund findet einfach alle Zapfen toll und bringt immer den nächstbesten oder gar mehrere.

Bei apportierfreudigen Hunden hat man das öfter. Für sie eignet sich eben alles zum Apportieren. In ihrem Eifer nehmen sie den geruchlichen Unterschied dann gar nicht wahr. Hat man einen solchen Hund, sollte man zunächst sicherstellen, dass er genau den richtigen Zapfen bringt. Eine Möglichkeit ist, dass Sie den richtigen Zapfen deutlich vor die anderen Zapfen legen, so dass der Hund diesen mit hoher Wahrscheinlichkeit als Erstes sieht und anzeigt. Dann wird er natürlich überschwänglich gelobt. Nach und nach wird der Zapfen immer mehr zwischen die anderen deponiert. Die meisten Hunde verstehen dann, worum es geht.

Eine andere Möglichkeit ist, dass man für mehrere Versuche nur diesen einen Tannenzapfen auslegt, dann den zweiten dazu gibt in einigem Abstand und so weiter.

Wichtig ist bei beiden Vorgehensweisen, dass der Hund zu ca. 70% den richtigen Zapfen bringt und gut dafür belohnt wird. Er soll aber auch ab und zu einen falschen bringen und dann eben keine Reaktion von uns bekommen, damit er lernt, dass es der Geruch ist, auf den es uns ankommt, und nicht darauf, dass er irgendeinen Tannenzapfen bringt.

Schritt 3:
Der Hund beherrscht es jetzt also, den Tannenzapfen mit Ihrem Geruch zu bringen und nach Ihren Wünschen anzuzeigen.

Um aus dieser Übung jetzt in Richtung vieler spannender weiterer Übungen zu arbeiten, bringen wir dem Hund bei, mit einem Geruchsmuster zu arbeiten. In diesem Schritt bereiten Sie bitte zwei Tannenzapfen mit Ihrem Geruch vor.

Überlegen Sie sich außerdem ein Ritual, das dem Hund dann sagen soll: »Zeige mir das, was genauso riecht, wie das, was ich dir hier unter die Nase halte!« Zum einen gehört dazu, dass Sie ihm eben das Geruchsmuster (deshalb der zweite Tannenzapfen) hinhalten. Was wollen Sie dazu sagen? Welche Körperhaltung wollen Sie einnehmen? Das können Sie sich ganz alleine überlegen. Es gibt kein besser oder schlechter. Sie sollten nur das einmal eingeführte Ritual dann auch beibehalten.

Haben Sie sich das überlegt, üben Sie es jetzt mit dem Hund. Sie haben also den einen Tannenzapfen zwischen mehrere neutral riechende gelegt und das Geruchsmuster zeigen Sie dem Hund mit diesem neuen Ritual. Da der Hund die Übung ja schon kennt, wird er sich höchstens kurzfristig über Ihr neues Getue wundern, sich aber schnell daran gewöhnen.

Schritt 4:
Jetzt werden wir testen, ob der Hund das Prinzip mit dem Geruchsmuster schon verstanden hat. Dazu legen Sie wieder die neutralen Tannenzapfen aus. Jetzt brauchen Sie zwei Zapfen, die eine andere Person in der Hand hatte (es reichen zwei Minuten) oder zusätzlich auch noch an ihrem Hals vorbeigerieben hat, damit die Zapfen deutlich nach der anderen Person riechen. Einen Zapfen soll sie dann zwischen die schon ausgelegten Zapfen legen, ohne dass der Hund zusieht. Jetzt holen Sie Ihren Hund, lassen sich den anderen Tannenzapfen geben und präsentieren ihn sofort dem Hund, damit er nicht noch viel von Ihrem Geruch annimmt. Schicken Sie den Hund mit dem geübten Ritual los. Es ist immer wieder erstaunlich, wie viele Hunde jetzt auf Anhieb den richtigen Zapfen auffinden, das Prinzip also verstanden haben. Üben Sie diesen Schritt mit dem Geruch von mehreren Personen.

Sollten Sie keine Hilfspersonen zum Trainieren haben, können Sie auch sofort zu Schritt 5 übergehen. Das Üben mit Gerüchen von fremden Personen wird dem Hund die Aufgabe jedoch erleichtern.

Schritt 5:
In diesem Schritt wollen wir dem Hund das Prinzip mit dem Geruchsmuster noch deutlicher machen. Auf Hilfspersonen können Sie in diesem Schritt verzichten. Sie dürfen jetzt alle Tannenzapfen anfassen. Alle sollen nämlich jetzt nach Ihnen riechen und zwar möglichst gleich stark. Zwei der Tannenzapfen werden aber jetzt noch weiter mit einem zusätzlichen Geruch präpariert. Welchen Geruch Sie dafür nehmen, bleibt Ihnen überlassen. Nur der Geruch, den der Hund gelernt hat (oder noch lernen soll), in geringsten Spuren zu finden, ist für diese Übung tabu. Vorschlag: Sie können die beiden Tannenzapfen jeweils kurz in Pfefferminztee eintauchen. Einer wird nun mit den anderen ausgelegt, der andere dient als Geruchsmuster. Denken Sie an den Jackpot, wenn der Hund den entsprechenden Tannenzapfen richtig anzeigt.

Schritt 6:
Jetzt wird es anspruchsvoll. Tauchen Sie zunächst alle »neutralen« Zapfen in eine Hühnerbrühe oder ähnliches. Sie sollen also nicht länger wirklich neutral sein, sondern nach etwas ganz besonders Gutem riechen. Zwei Tannenzapfen werden wieder mit einem zu suchenden

Duft behandelt, wie wäre es jetzt mal mit Kamillentee? Ein Kamillenteezapfen liegt also jetzt zwischen lauter gut riechenden Hühnerbrühenzapfen. Der Hund bekommt das Geruchsmuster. Lässt er sich ablenken oder findet er den entsprechenden Zapfen?

Mögliche Schwierigkeiten in der Ausbildung:

Der Hund versteht es in Schritt 4 nicht, dass er den vorgegebenen Geruch suchen soll, sondern er sucht anscheinend immer noch nach Ihrem, oder ist einfach nur verwirrt.

In diesem Fall gilt, wie eigentlich immer im Training: Bauen Sie Zwischenschritte ein. Gestalten Sie die Übung also zunächst noch einmal wie in Schritt 3, der Hund soll also Ihren Geruch suchen. Der Tannenzapfen, den der Hund suchen soll und das entsprechende Muster werden aber kurz von einer anderen Person in der Hand gehalten.

In den folgenden Schritten hält die andere Person die Zapfen immer länger in den Händen, während Sie sie immer kürzer halten.

Nehmen Sie sich dafür für jeden Schritt ein neues Tannenzapfenpaar, das Sie immer genau nach Ausbildungsstand des Hundes vorbereiten. Anfangs ist Ihr Geruch stark, der andere schwach, später umgekehrt, bis dann Ihr Geruch ganz wegfällt und Sie wieder bei Schritt 4 einsteigen können.

Der Hund hat Schwierigkeiten in Schritt 5 oder Schritt 6.

Gehen Sie zu diesen Schritten erst über, wenn der Hund das Prinzip wirklich verstanden hat. Natürlich kann man auch hier Zwischenschritte einbauen. So könnten Sie in Schritt 5 doch neutrale Zapfen auslegen und die Pfefferminzzapfen riechen noch zusätzlich nach Ihnen. Dann gehen Sie im Prinzip so vor, wie bei den Schwierigkeiten in Schritt 4 besprochen.

In Schritt 6 könnten Sie die Ablenkung etwas schwächer gestalten, indem die Hühnerbrühe super verdünnt ist.

Normalerweise sollten Sie sich aber alle die Zwischenschritte sparen können, wenn Sie die Grundlagen entsprechend sorgfältig trainieren.

Noch mehr Zapfenspiele

Eine weitere Herausforderung könnte sein, dass Sie jetzt den Hund einen Zapfen suchen lassen, der den Geruch einer anderen Person trägt.

Daraus können Sie eine schöne Konzentrationsübung für den Hund aufbauen. Sind Sie mal mit einer ganzen Gruppe unterwegs, legen Sie Tannenzapfen mit lauter unterschiedlichen Gerüchen aus. Geben Sie also jedem Ihrer zweibeinigen Begleiter zwei Zapfen. Einen davon sollen die hinlegen, sich aber genau die Stelle merken. Liegen alle diese unterschiedlichen Geruchszapfen beisammen auf einer Fläche, präsentieren Sie dem Hund nacheinander die unterschiedlichen Geruchsmuster und er soll immer den passenden Zapfen dazu herausfinden.

(Anmerkung für die Botaniker unter Ihnen: Natürlich handelt es sich bei den Zapfen, die man im Wald auf dem Boden findet, in der Regel nicht um Tannen-, sondern eher um Fichten- oder Kiefernzapfen. Der Begriff »Tannenzapfen« ist aber der gebräuchlichere.)

Arbeiten mit Geruchsmuster

Wie im vorherigen Beispiel gezeigt, kann man einem Hund sehr gut beibringen, dass er genau den Geruch heraussucht, den wir ihm präsentieren. Dieses Konzept kann er zum Beispiel über das Tannenzapfenspiel lernen, aber auch über das Bierdeckelspiel, das in Band 1 präsentiert wurde. Jetzt sind wieder der Fantasie keine Grenzen gesetzt. Zum einen wird dieses Prinzip ja zum Beispiel im Mantrailing angewandt, wenn es darum geht, dass der Hund eine ganz bestimmte Person nur anhand eines Geruchsmusters sucht.

Aber auch im Alltag kann man sich daraus wieder viele neue Spiele einfallen lassen.

Hier zwei Beispiele:

Schuhsalat

Das ist ein Spiel, das gerne in Kindergärten mit den Kindern gespielt wird. Aber auch Hunde haben ihren Spaß daran. Voraussetzung ist, dass der Hund das Arbeiten mit dem Geruchsmuster kennt. Legen Sie nun von jedem Familienmitglied einen Schuh auf einen Haufen. Jetzt brauchen Sie noch von jedem Familienmitglied ein Geruchsmuster. Das kann die Person selber sein, oder aber der zweite Schuh. Halten Sie dem Hund das Muster unter die Nase und schicken Sie ihn das Pendant suchen. Sie können das gleiche Ritual verwenden wie beim Tannenzapfenspiel. Sie können sich auch ein Kommando einfallen lassen, das eben genau das aussagt: »Zeige oder bringe mir das, was genauso riecht wie dieses Muster.«

Besonders spannend wird dieses Spielchen natürlich, wenn möglichst viele Schuhe mit unterschiedlichen Gerüchen da sind. Wenn Sie mal viele Gäste eingeladen haben, ist das die Gelegenheit! Na gut, wenn Sie von Ihren Gästen nicht verlangen wollen, ihre Schuhe auszuziehen, tun es auch Schlüsselbunde oder sonstige Gegenstände.

Riechrally

Auch hierfür ist wieder das Arbeiten mit Geruchsmuster Voraussetzung. Für dieses Spiel benötigen Sie eine bestimmte Anzahl an Paaren von bestimmten Geruchsstoffen. Gut geeignet sind zum Beispiel Teesorten. Dann könnten Ihre Paare zwei Beutel Pfefferminz-, zwei Beutel Kamillen-, zwei Beutel Früchte-, zwei Beutel Hagebutten- und zwei Beutel Schwarztee sein. Je nach Können des Hundes und Ihrem Teevorrat können das natürlich auch noch weitere Sorten sein.

So viel wie Teebeutelpaare benötigen Sie auch wieder unsere Hütchen, die uns schon so gut Dienste geleistet haben.

Zur Spielvorbereitung:

Platzieren Sie die Hütchen auf dem Rand eines Kreises von gut einem Meter Durchmesser. Ein Teebeutel ist später Ihr Startmuster. Legen Sie sich das zur Seite. Den anderen Beutel dieser Sorte legen Sie auf eines der Hütchen. Unter dieses Hütchen legen Sie eine andere Teesorte. Den passenden Beutel dazu legen Sie wieder auf ein Hütchen, das sich im Kreis gegenüber befindet. Darunter kommt wieder eine andere Sorte usw.

Später beim Spiel sitzen Sie im Kreis, präsentieren dem Hund den Startgeruch und lassen ihn den Kreis nach dem dazu passenden Geruch absuchen. Hat er den gefunden, wird er natürlich ausgiebig belohnt. Dann heben Sie das entsprechende Hütchen an und präsentieren ihm den darunter liegenden Geruch für die neue Suche. So sucht der Hund dann nach und nach alle Teesortenpaare. Ist er am Ende dieser Geruchsrally angekommen, gibt es natürlich einen ganz besonderen Jackpot!

Diese Riechrally lässt sich natürlich auch ausbauen, indem man die Abstände zwischen den Hütchen vergrößert. Man kann das Spielchen abwandeln, indem man die Hütchen überall in einem Raum (oder auch in mehreren) verteilt, man kann das Ganze draußen machen und so weiter. Seien Sie kreativ. Immer neue Varianten sorgen dafür, dass der Hund das Spielchen immer wieder spannend findet.

Noch ein Hinweis zu den Hütchen:
Natürlich nehmen diese auch von den darauf oder darunter befindlichen Düften eine kleine Menge an. Für die meisten Spiele ist das aber nicht von Bedeutung. Der Hund kann nämlich durchaus die Intensität unterscheiden und damit das Hütchen finden, worunter sich tatsächlich auch ein Teebeutel befindet.

Nur wenn es wirklich darum geht, dass der Hund auch Spuren eines bestimmten Stoffes erschnüffelt und anzeigt, dann ist es natürlich unabdingbar, dass peinlichst genau darauf geachtet wird, dass nichts Falsches kontaminiert wird.

Schnüffelstrecke

Die Voraussetzung für dieses Spiel ist, dass der Hund gelernt hat, Ihnen den vorgegebenen Geruch anzuzeigen, so wie im Tannenzapfenspiel auf Seite 58 erklärt ist.

Für dieses Spiel werden zehn unterschiedliche Gerüche in einer Reihe aufgestellt. Das können wieder verschiedene Teesorten sein, unterschiedliche Seifen, Kräuter oder was auch immer. Von jedem Geruch in der Reihe sollten Sie genau den gleichen in einer Kiste haben.

Der Hund wird vor der Reihe abgesetzt und bekommt einen Gegenstand aus der Kiste unter die Nase gehalten mit dem Kommando, dass er genau diesen Geruch suchen soll. Der Hund soll also die Reihe absuchen und den entsprechenden Gegenstand anzeigen.

Hat er gefunden, wird er ausgiebig dafür belohnt und bekommt als Nächstes einen weiteren Gegenstand präsentiert, von dem er das Pendant anzeigen soll. Die bereits einmal angezeigten Teile werden wieder in die Reihe zurückgestellt.

Mit diesem Spiel kann man hervorragend die Konzentration des Hundes schulen und außerdem das Konzept »Zeig mir, was genau wie dieser Stoff riecht« sehr schön festigen.

Zaubervorführung mit Hund

Vielleicht haben Sie ja mal Lust, mit Ihrem Hund ein Publikum zu beeindrucken? Wie wäre es mit einer richtigen Zaubervorstellung? Da die meisten Menschen sich die unglaubliche Nasenleistung der Hunde ja gar nicht vorstellen können, werden die Zuschauer bestimmt begeistert sein und maßlos staunen. Und wenn Sie dann auch noch mit Ihrem Hund im passenden Outfit auftreten, sorgt das für das Tüpfelchen auf dem i.

Aber nun die »Zaubertricks« für Ihr Programm: Wie bei richtigen Zaubertricks sollten Sie sie erst vorführen, wenn sie wirklich gut klappen, wenn auch Ihre Handgriffe und der Text dazu gut eingearbeitet sind. Sie können sich zum Beispiel als Assistent des großen vierbeinigen Zauberers ausgeben.

Hütchenspiel

Nehmen Sie sich drei Becher, die am Boden einige Löcher haben. Dann brauchen Sie noch eine Wattekugel, wie es sie im Bastelbedarf gibt. Diese Wattekugel wird mit dem Targetduft (siehe Seite 25) getränkt. Die Vorbereitungen werden natürlich getroffen, ohne dass das Publikum zusehen kann. Die duftende Wattekugel wird nun unter einen Becher gelegt. Durch schnelles Anheben und Bewegen der Becher wird die Kugel von einem zum anderen verschoben. Für den Hund ist es bei den entsprechenden Vorübungen natürlich überhaupt kein Problem herauszufinden, unter welchem Becher die Kugel steckt. Wenn Sie jetzt noch möglichst schnell und spektakulär die Becher bewegen können, so dass das Publikum nicht weiß, unter welchem Becher die Kugel ist, und wenn der Hund eine schöne Anzeige mit der Pfote macht, wird das Publikum beeindruckt sein!

Anmerkung: Der Duft muss natürlich so schwach sein, dass er vom Publikum nicht wahrgenommen wird.

Der hellsehende Hund

Dieser Trick darf natürlich in keiner Zaubervorführung fehlen! Sie nehmen sich ein Kartenspiel, mischen es gut durch und bitten einen Zuschauer, sich eine Karte zu ziehen. Diese soll er zwischen seinen Händen halten, damit auch Sie sie nicht sehen können. Sonst könnten die Zuschauer ja denken, Sie würden dem Hund später helfen. Um

das Ganze noch etwas spannender und spektakulärer zu machen, reichen Sie dem Zuschauer jetzt auch noch ein Taschentuch, in das er die Karte einwickeln soll. So wird die Karte dem »großen Zauberer« präsentiert. Besonders beeindruckend können Sie diese Szene gestalten, indem Sie den Hund vor der eingepackten Karte einen Diener machen lassen.

Nachdem der Hund sich dann dank seiner hellseherischen Fähigkeiten die Karte eingeprägt hat, drehen Sie sich mit dem Hund vom Publikum weg und bitten den Zuschauer, die Karte auszupacken und mit der Bildseite nach unten zwischen einige schon hingelegte Karten zu legen.

Der Hund wird dann die richtige Karte anzeigen und Sie präsentieren sie feierlich dem Publikum.

Hinweise zur Ausführung dieses Tricks:

Es ist sehr hilfreich, wenn Sie gut und spannend erzählen können, während die Person die Karte in den Händen hat, damit die Zeit lange genug ist, so dass die Karte ausreichenden Geruch aufnehmen kann. Diesen Trick können Sie wie in Übung »Zeige mir alles, was nicht dahin gehört« (siehe Seite 28) aufbauen oder wie »Arbeiten mit Geruchsmuster« (siehe Seite 56). In dem Fall halten Sie dem Hund das Tuch als Beispielduft hin. Natürlich sollten Sie das ganz unauffällig und so nebenbei machen. Lenken Sie das Publikum mit theatralischen Reden ab.

Bei der Auslegeart der Karten müssen Sie natürlich die Anzeigeform des Hundes berücksichtigen. Sehr schön ist es, wenn der Hund die Spielkarten apportieren kann. Dazu können die ruhig etwas gewölbt werden, damit er sie auch aufnehmen kann. Das kann man dem Publikum auch erklären, dass die Karten nicht etwa »gezinkt« sind, sondern dass dadurch nur dem Hund das Aufnehmen erst ermöglicht wird.

Bei einer Anzeige durch Vorlegen müssen die Karten natürlich deutlich voneinander entfernt ausgelegt werden, vielleicht in einer Reihe mit je ca. einem halben Meter Abstand.

Sehr beeindruckend wäre es natürlich auch, wenn Ihr Hund aus einem ganzen aufgefächerten Kartendeck die richtige Karte herausnehmen oder durch eindeutiges Antippen mit der Nase anzeigen kann. Experimentieren Sie und beobachten Sie, was Ihrem Hund am leichtesten fällt.

Farben erkennen (mit geschlossenen Augen)

Da viele Menschen immer noch der Meinung sind, Hunde könnten keine Farben erkennen, kann man sie mit folgendem Trick verblüffen. Wollen Sie den Trick noch perfekter machen, üben Sie mit dem Hund zunächst, dass Sie ihm eine Brille aufsetzen können, durch die er nichts sieht. Es gibt solche Brillen für Hunde, die auf offenen Autos oder Motorrädern mitfahren, damit deren Augen vom Wind geschützt sind. Gewöhnen Sie den Hund mit vielen Leckerchen an das Tragen der Brille, zunächst nur kurze Zeit, dann dehnen Sie die Zeit mehr und mehr aus. Hat sich der Hund gut an das Tragen der Brille gewöhnt, was Sie daran erkennen, dass er mit dem Schwanz wedelt, wenn Sie die Brille hervornehmen, dann schwärzen Sie zunächst ein Glas. Wiederholen Sie die Übung einige Male und schwärzen Sie dann das zweite Glas. Jetzt können Sie mit dem Hund einen Zaubertrick mit geschlossenen Augen vorführen.

Für diesen Trick brauchen Sie wieder die Holzhütchen. Eines der Hütchen sollte eine andere Farbe haben. Dieses Hütchen wird zusätzlich mit dem Targetduft markiert. Jetzt können Sie jemanden aus dem Publikum bitten, das Hütchen mit der speziellen Farbe an einen beliebigen Platz zu stellen. Es versteht sich von selbst, dass der Targetduft nicht so stark sein darf, dass er von der menschlichen Nase wahrgenommen werden kann.

Geben Sie jetzt dem Hund das Kommando: »Zeig das rote Hütchen«. Sind Sie ein entsprechend talentierter Schauspieler, können Sie den Trick natürlich um einiges aufwerten, indem Sie etwas Show darum machen. Erzählen Sie möglichst theatralisch, was für einen genialen Hund Sie haben, der auch mit geschlossenen Augen Farben erkennen kann. Steigern Sie die Spannung, indem Sie dem Hund sehr spannend die Brille aufsetzen.

Ob der Hund Ihnen das farbige Hütchen gibt oder ob er es anders anzeigt, spielt keine Rolle. Damit er das für diesen Trick passende Kommando lernt, gehen Sie wieder so vor, dass Sie erst das neue Kommando geben, also »Zeig das rote Hütchen«, dann Ihr altes Kommando für »Zeig mir den Targetduft«.

Es wird nicht lange dauern und der Hund versteht das neue Kommando, weil Sie ihm durch das Ritual des Brillenanziehens schon eine große Hilfe geben.

Für alle diese Zaubertricks gilt, dass sich ein richtiger Zauberer natürlich nicht in die Karten schauen lässt. Lassen Sie das Publikum ruhig staunend und mit vielen Fragen zurück. Erklären Sie auf keinen Fall die Auflösung der Rätsel. Denn das nähme der Zauberei die ganze Faszination.

Nasenspiele für ängstliche Hunde

Die Nasenspiele kann man neben einer sinnvollen und interessanten Beschäftigungsmöglichkeit sogar als Therapie für ängstliche Hunde einsetzen. So war unsere Runa zum Beispiel sehr wasserscheu und nicht dazu zu bewegen, auch nur eine Pfote ins Wasser zu setzen. Sie könnte ja nass werden!

Als es einmal sehr heiß war, legten wir für alle Hunde die Spuren dieser Übungsstunde durchs Wasser. Das war erträglich. Als Runa an der Reihe war, fing die Spur an Land an, führte aber schon bald in ganz flaches Wasser und von da aus auch kurz durch etwas tieferes, das Runa immerhin bis zum Bauch reichte. Beim Übergang der Spur ins Wasser zögerte sie nur kurz, entschied sich aber schnell, der Spur – selbst durch dieses nasse Wasser – zu folgen! Die Motivation zu suchen war größer als ihre Angst vor dem Wasser!

Haben Sie es also durch die Suchspiele mit Ihrem ängstlichen Hund geschafft, eine hohe Motivation aufzubauen, können Sie ihm damit helfen, seine Ängste Stück für Stück zu überwinden.

Hier einige Beispiele:

Der Hund hat Angst, durch einen Tunnel zu laufen. Lassen Sie ihn – in diesem Fall am besten sein Motivationsobjekt – suchen und legen Sie es immer mal wieder in den Tunnel hinein. Wie schnell Sie dabei vorgehen können, hängt natürlich von der Stärke der Angst ab. Ist der Hund sehr ängstlich, legen Sie das Motivationsobjekt im Durchschnitt bei jeder zehnten Suche in den Tunnel. Beginnen Sie dabei ganz am Rande und deponieren Sie das zu suchende Teil nur ganz allmählich weiter in den Tunnel hinein.

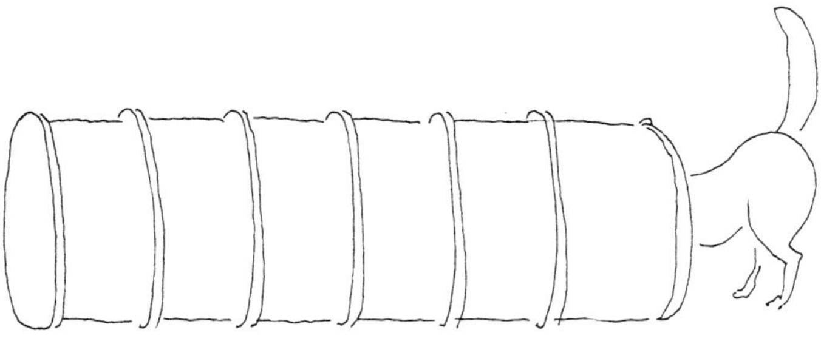

Bei nicht ganz so ängstlichen Hunden können Sie das Im-Tunnel-Suchen häufiger machen, so ungefähr jede dritte Suche. Schnell wird sich der Hund überwinden und auch tief im Tunnel sein Ziel finden. Oft ist es nämlich so, dass die Hunde so sehr auf das Suchen konzentriert sind, dass sie gar nicht wahrnehmen, wo sie sich eigentlich befinden. Und ehe es ihnen wirklich bewusst wird, kommt schon ihre dicke Belohnung, weil sie gefunden haben.

Abgewandeltes Blumentopfspiel, für Hunde, die Angst vor Menschen haben

Haben Sie einen Hund, der scheu vor Menschen ist, spielen Sie mit ihm zunächst das Blumentopfspiel (siehe Seite 54). Wenn er die Spielregeln verstanden hat und Spaß daran hat, kann man das Spiel etwas abwandeln, so dass die Blumentöpfe allmählich durch Menschen ersetzt werden. Sie brauchen dafür drei Helfer. Diese sollten Sie zuvor allerdings genau einweisen, wie sie sich zu verhalten haben. Denn die Helfer müssen sich absolut neutral verhalten und dürfen den Hund nicht unbeabsichtigt bedrohen. Die Helfer sollten sich alle hinhocken und den Hund möglichst nicht anschauen.

Beginnen Sie das Spiel ähnlich wie das Blumentopfspiel, nur dass jetzt jeweils ein Mensch hinter einem Blumentopf hockt. Je nach Hund kann der Abstand unterschiedlich gewählt werden. Je ängstlicher der Hund also ist, desto größer der Abstand. Spielen Sie das Spielchen wie gewohnt und rücken Sie die Blumentöpfe Stück für Stück näher an die Hilfspersonen.

Im nächsten Übungsschritt haben die Hilfspersonen die Blumentöpfe in den Händen. Die Personen sollten dabei immer noch hocken und darauf achten, den Hund nicht anzusehen. Achten Sie darauf, das gewohnte Ritual beizubehalten. Denn das gibt dem Hund ein großes Maß an Sicherheit. Hat der Hund auch diesen Übungsschritt erfolgreich geschafft, bleiben im nächsten die Blumentöpfe weg. Stattdessen formen die drei Hilfspersonen alle mit ihren Händen eine Höhle, so, als ob sie einen gedachten Tennisball umschließen würden.

Lassen Sie den Hund zunächst zusehen, wie Sie in eines der drei Paar hohlen Hände das Spielzeug oder Futter deponieren. Täuschen Sie dabei zwei Hände an und in eine deponieren Sie das Motivationsmittel wirklich. Verwenden Sie das gleiche Ritual wie zuvor mit den Blumentöpfen. Der Hund wird die Übung erkennen und die Hände absuchen. Je ängstlicher der Hund ist, desto wichtiger ist es, dass Ihre drei Helfer absolut unbeteiligt tun. Auch wenn der Hund die richtige Hand anzeigt, darf von denen kein Jubelschrei kommen!

Laufen Sie mit dem Hund, wenn er gefunden hat, einige Schritte rückwärts und belohnen Sie ihn die ersten Male in einiger Entfernung zu den anderen Menschen. Nach einigen Wiederholungen belohnen Sie den Hund direkt an den Helfern. Er wird wahrscheinlich gar nichts von seiner Angst merken, weil er so sehr in das Suchspiel vertieft ist.

Das geht natürlich alles nur, wenn seine Motivation zu suchen größer ist als die Angst vor den Menschen. Wahrscheinlich wird das also nicht mit jedem Hund klappen. Wir waren jedoch schon so oft überrascht, wie viel die Hunde sich trauen, wenn es ums Suchen geht. Ein Versuch ist es also alle Male wert. Machen Sie die Übungsschritte außerdem immer schön klein, so dass der Hund auch Erfolg haben kann, ist das mit Sicherheit eine sehr gute Möglichkeit, an seiner Angst zu arbeiten.

Im Laufe der Ausbildung stellen sich die Helfer auch hin, immer noch mit derselben Handhaltung. Später hat einer von ihnen das Motivationsmittel in der Tasche. Bis dahin sollten Sie schon an einer Anzeige gearbeitet haben.

Üben Sie an vielen unterschiedlichen Orten, wenn möglich mit unterschiedlichen Helfern. So ganz nebenbei wird der Hund dann über die Nasenspiele seine Angst vor Menschen verlieren; denn jeder könnte ja ein potenzielles Versteck für sein Motivationsmittel sein.

Achtung:
Wir raten Ihnen ab, diese Übung mit einem Hund zu machen, der aus seiner Unsicherheit heraus zu Aggression neigt. Schließlich soll keine Hilfsperson gefährdet werden.

Um die Wette riechen

Auf einfache Art und Weise kann man sich auch schöne Übungen überlegen, bei denen man mit zwei Schnüffelteams Spaß haben kann. Für unser »Um die Wette riechen« ist eine kleine Übung Voraussetzung:

In welcher Hand ist ...?

Sie kennen das Spiel, das gerne mit Kindern gespielt wird, bei dem man einen Gegenstand hinter dem Rücken in einer Hand verstaut. Das Kind bekommt beide Hände hingehalten und soll erraten, in welcher Hand sich der Gegenstand befindet.

Das kann auch sehr schön mit dem Hund gespielt werden. Der Hund soll allerdings nicht raten, sondern er soll seine Nase einsetzen.

Beginnen Sie diese Übung damit, dass Sie dem Hund ein Leckerchen in der geschlossenen Hand hinhalten. Der Hund wird versuchen, an dieses Leckerchen heran zu kommen. Die meisten Hunde nehmen dazu früher oder später die Pfote. Sobald er mit der Pfote auf Ihre Hand tippt, öffnen Sie sie und er bekommt seine Belohnung. Wiederholen Sie das einige Male, bis die Übung sicher sitzt.

Erst jetzt halten Sie dem Hund beide Hände hin. Nur in einer Hand ist die Belohnung. Nun muss er seine Nase einsetzen. Wählen Sie nicht immer die gleiche Hand, um das Leckerchen zu verstecken. Wechseln Sie auch nicht immer ab: rechts, links, rechts, links ... Wählen Sie die Hände ganz variabel, damit der Hund kein System entdecken kann, sondern wirklich seine Nase benutzen muss. Da der Hund bei dieser Übung nicht Spuren von einem bestimmten Stoff anzeigen soll, sondern ein Leckerchen, findet er es normalerweise, obwohl ja irgendwann beide Hände nach Leckerchen riechen. An der Stärke des Geruchs kann er aber sehr wohl erkennen, wo das Leckerchen jetzt tatsächlich ist.

Sollte der Hund immer wieder Fehler machen und wahllos eine Hand von Ihnen antippen, können Sie, um es für den Hund deutlicher zu machen, ruhig zwischen den einzelnen Versuchen die Hände waschen. Wichtig ist, dass der Hund mit dem Antippen der falschen Hand nie Erfolg hat. Ist es dennoch immer eher Zufall, welche Hand er antippt, können Sie auch einmal bei einem falschen Versuch das Spiel abbrechen. Dann wird er es sich beim nächsten Mal bestimmt besser überlegen und dann endlich seine Nase einsetzen.

Hat man ein weiteres Hund-Mensch-Team, die dieses Spielchen beherrschen, kann man daraus einen kleinen Wettkampf machen.

Sie brauchen dazu ein Spielfeld. Das kann wie ein Brettspiel sein, also in Klein mit zwei Figürchen, für jedes Team eines. Die Hunde bekommen nacheinander die Aufgabe gestellt, herauszufinden in welcher Hand das Leckerchen ist. Tippt der Hund richtig, kann die entsprechende Figur ein Feld nach vorne gehen. Tippt er falsch, bleibt sie stehen.

Dann ist das andere Team an der Reihe. Das Team der Figur, die als Erstes die Ziellinie überschritten hat, hat gewonnen.

Eine Alternative wäre, dass das Spielfeld so groß auf einer Wiese abgesteckt ist, so dass Sie mit dem Hund jeweils ein Feld weiter rutschen, wenn er richtig getippt hat.

Eine weitere Variation des Spiels wäre, dass der Hund nicht ein Leckerchen anzeigt, sondern einen kleinen Ball oder einen Stein oder was auch immer.

Sollten Sie mit Ihrem Hund trainiert haben, einen bestimmten Geruchsstoff in den kleinsten Spuren zu suchen, sollten Sie diesen Stoff natürlich nicht für dieses Spiel verwenden, weil Ihre beiden Hände kontaminiert werden und Sie sich damit die feine Suche verderben würden.

Weitere Ideen

Eine bestimmte Person suchen

In Band 1 haben wir die Spurensuche vorgestellt, wobei der Hund den Geruch einer beliebigen Person verfolgen lernt. Damit er weiß, welche Spur er verfolgen muss, bekommt er den entsprechenden Geruch als Startkommando präsentiert. Das kann ein Taschentuch sein, mit dem Geruch der zu suchenden Person oder irgendein anderer Gegenstand, der dieser Person gehört und den nur sie in letzter Zeit angefasst hat.

In dieser jetzigen Übung geht es nicht darum, dass der Hund einen Beispielgeruch bekommt, sondern er soll den Namen der zu suchenden Person kennen und sie anhand ihres Namens suchen. Je mehr Namen der Hund kennt, desto spannender ist die Übung natürlich. Da raucht wieder der Kopf und das Gehirn des Hundes wird herausgefordert. Denn nur mit dem entsprechenden Namen muss der Hund sich sozusagen ein Bild von deren Geruch machen, damit er dann die Spur aufnehmen kann. Wie der Hund suchen soll, ob in der freien Suche oder ob er genau der Spur folgt, dass können Sie entweder festlegen und dann entsprechend trainieren, oder Sie lassen dem Hund die Wahl. Die Aufgabe ist mit Sicherheit auch dann noch herausfordernd genug.

Nun die Anleitung Schritt für Schritt:

Schritt 1:
Sie benötigen die Person, deren Name der Hund als Erstes lernen soll. Setzen Sie sich zwei Meter auseinander auf je einen Stuhl. Schicken Sie jetzt den Hund mit dem entsprechenden Kommando zu der Person, zum Beispiel »Such Oma«, geben ein Handzeichen und blicken Sie in die entsprechende Richtung. Läuft der Hund zur Person, können Sie das entweder klicken und dann selber belohnen oder aber die andere Person belohnt den Hund.

Schritt 2:
Steigern Sie zunächst den Abstand zwischen sich und der anderen Person, soweit es der Raum zulässt. Üben Sie das draußen, dann stei-

gern Sie den Abstand so weit, dass der Hund die Person aber immer noch sehen kann.

Schritt 3:
Lassen Sie die Person in ein anderes Zimmer gehen oder hinter eine Hecke, wenn Sie draußen üben. Der Hund sollte sehen, wie die Person weggeht. Geben Sie ihm das entsprechende Kommando und lassen Sie ihn suchen.

Schritt 4:
In diesem Schritt sollte der Hund die Person nicht mehr weggehen sehen. Lassen Sie also zunächst die Person sich verstecken. Erst dann gehen Sie mit dem Hund hin und schicken ihn zum Suchen los.

Schritt 5:
Wiederholen Sie die Schritte 1 - 4 mit einer weiteren Person.

Schritt 6:
Üben Sie nun den Schritt 1 oder 2 mit beiden Personen, die der Hund bisher kennen gelernt hat. In diesem Trainingsschritt müssen Sie dar-

auf achten, dass Sie dem Hund außer dem Namen keinerlei Hilfestellung geben. Schicken Sie ihn also nicht mit Signalen gezielt zu der Person hin, sondern geben Sie zunächst gar keine Signale, das heißt, Sie sollten weder in die entsprechende Richtung schauen noch zeigen.

Schritt 7:
Hat der Hund wirklich verstanden, wen er bei dem entsprechenden Namen suchen soll, dann können Sie die beiden Personen immer schwieriger verstecken.

Schritt 8:
Sie können weitere Herausforderungen einbauen, indem Sie dem Hund zunächst eine korrekte Anzeige beibringen, dann die Personen auch einmal zusammen verstecken und der Hund soll genau die richtige anzeigen.

Schritt 9:
Um den Hund immer sicherer zu machen, trainieren Sie in diesem Schritt bewusst den Hund, eine Person zu suchen, während Sie auf die falsche Person zeigen. Damit kann der Hund lernen, dass es bei dieser Aufgabe wirklich nur auf den Namen der Person ankommt und nicht auf irgendwelche Signale von Ihnen.

Schritt 10:
Auf diese Art und Weise kann der Hund beliebig viele Personen zu unterscheiden und zu suchen lernen.

Mögliche Schwierigkeiten in der Ausbildung:

Der Hund interessiert sich in Schritt 1 überhaupt nicht für die andere Person, obwohl er deutlich dorthin geschickt wird.

In dem Fall kann die Person den Hund anfangs auch einige Male mit Spielzeug oder Leckerchen locken. Das sollte aber höchstens zwei- bis dreimal gemacht werden. Danach muss der Hund schon von sich aus hingehen.

Haben Sie Geduld. Wenn er vorher bei dieser Person gut belohnt wurde, wird er bestimmt wieder hingehen. Notfalls verteilen Sie diesen Schritt auf mehrere Übungseinheiten.

In der ersten Übungseinheit wird der Hund dreimal gelockt, dann machen Sie mindestens eine Viertelstunde Pause.

In der nächsten Einheit wird er nur noch zweimal gelockt, beim dritten Mal warten Sie, bis er von sich aus hingeht. Dafür gibt es natürlich einen Jackpot!

In der nächsten Übungssequenz wird er höchstens noch einmal gelockt, dann nicht mehr. So sollte er schnell verstehen, was von ihm erwartet wird.

Solange der Hund die Person weggehen sieht, weiß der Hund auch, was er machen soll, nicht aber, wenn er angesetzt wird, ohne die Person weggehen gesehen zu haben (Schritt 4).

Als Zwischenschritt könnte man einbauen, dass die Person ganz in der Nähe versteckt ist. Vielleicht guckt sogar noch ein Zipfel von ihr heraus. Damit hat der Hund dann schnell ein Erfolgserlebnis.

Eine andere Möglichkeit wäre, dass der Hund zusieht, wie die Person weggeht, dann aber eine Weile duch andere Übungen oder einen kurzen Spaziergang auf andere Gedanken gebracht wird. Dann wird er zur Suche geschickt.

Einmal dürfte die Person auch ein Geräusch von sich geben als Hilfe. Das aber wirklich nur einmal, damit der Hund nicht lernt, sich auf diese Hilfe zu verlassen.

Hat er dann gefunden, denken Sie an den Jackpot!

In Schritt 6 ist es eigentlich nur Zufall, wenn der Hund zur richtigen Person läuft. Er scheint überhaupt noch nicht verstanden zu haben, auf was es ankommt.

In diesem Fall sind Sie wohl zu schnell vorgegangen. Wiederholen Sie die Schritte 1 - 5 noch einmal gründlich, damit der Hund auch lernt, den Namen mit der richtigen Person zu verknüpfen.

Sie müssen auf alle Fälle darauf achten, dass der Hund nicht belohnt wird, wenn er zur falschen Person geht. Belohnend ist schon eine Beachtung! Diese Person sollte den Hund also völlig ignorieren, ihm also auch nicht sagen, dass er falsch ist.

In Schritt 9 lässt sich der Hund doch durch die gegebenen Signale verunsichern und sucht die falsche Person.

Auch hier sollten Sie die vorherigen Schritte noch einmal gründlich wiederholen, damit der Hund sicher verstanden hat, auf was es ankommt.

Um dem Hund bei diesem Schritt zu helfen, geben Sie die Signale zur falschen Person zunächst recht unauffällig. Denken Sie an den Jackpot, wenn der Hund die richtige Person findet. Machen Sie dann nach und nach die Signale in die falsche Richtung deutlicher. Nun wird sich der Hund nicht mehr beirren lassen.

Ein bestimmtes Haustier suchen

Ähnlich wie einen bestimmten Menschen kann der Hund natürlich auch lernen, einen tierischen Mitbewohner zu suchen. Das kann unter Umständen ganz praktisch sein, falls die Katze oder auch die Schildkröte mal verschwunden ist.

Hat der Hund schon gelernt, bestimmte Menschen zu suchen, kann er das normalerweise auch relativ schnell auf die Tiere übertragen. Eine wichtige Voraussetzung für diese Übung ist natürlich, dass die zu suchenden Tiere keine Angst vor dem Hund haben. Denn sonst ist

Der Hund weiß ja inzwischen schon, dass es sich lohnt, sich nach der Spur zu orientieren, den dafür gab es immer einen Klick und ein Leckerchen. Jetzt reicht alleine das Orientieren nicht mehr, sondern er soll der Spur folgen. Der Hund soll also jetzt die Nase möglichst an der Spur haben und einen Schritt im Verlauf der Spur vorwärts machen, um seine Belohnung zu bekommen.

Sie erhöhen also die Kriterien, die erforderlich sind, um einen Klick zu verdienen. Hat der Hund diesen einen Schritt verstanden, werden wiederum die Kriterien erhöht auf zwei, dann drei, dann vier Schritte und so weiter.

Sie bringen dem Hund im diesem Fall im Prinzip durch freies Formen bei, der Vanillespur zu folgen.

Wie schnell Sie mit dem Hund alle vier Spuren abarbeiten können, liegt an Ihren Klickerfähigkeiten und an der Lerngeschwindigkeit des Hundes. Es kann sein, dass Sie zunächst einige Zeit mit einer Spur beschäftigt sind. Sollten Sie jedoch einen Schnelllerner haben, ist es sehr sinnvoll, man hat mehrere Spuren vorbereitet, damit man dem Hund Aufgaben bieten kann, ohne die bereits abgearbeitete Spur noch einmal verwenden zu müssen.

Anmerkung:
Wir haben schon öfter gesagt, dass wir nie genau vorhersagen können, was der Hund letztendlich verknüpft. Das können wir auch in diesem Fall nicht. Haben wir nun dem Hund mit dem Klicker beigebracht, dieser Spur zu folgen, wissen wir noch nicht, was er letztendlich gelernt hat.

Folgt er wirklich der Vanillespur mit seiner Nase?

Folgt er der sichtbaren Feuchtigkeitsspur mit seinen Augen?

Folgt er vielleicht unserer Spur, die wir beim Sprühen der Vanillespur ja auch hinterlassen haben?

Hat er vielleicht nur gelernt, die Nase am Boden zu halten und dass er auf der Spur ist, ist reiner Zufall?

Das können wir jetzt noch nicht sagen, werden das aber im Laufe des Trainings versuchen herauszufinden.

Schritt 3:
Hat der Hund gelernt, dass es darum geht, der Spur zu folgen (mit der Einschränkung, die in der Anmerkung steht), können Sie jetzt immer anspruchsvollere Spuren versprühen. Beginnen Sie in diesem Schritt

mit Winkeln. Sprühen Sie am besten wieder mehrere kurze Spuren mit unterschiedlichen Winkeln. Den Jackpot bekommt der Hund, sobald er den Winkel schön ausgearbeitet hat. Danach gibt es ein tolles Spiel oder eine ausgiebige Leckerchen-Zeremonie und dann erst geht es an die nächste Spur.

Üben Sie diesen Schritt so lange, bis der Hund sicher einem einzelnen Winkel folgt. Jetzt können Sie ausschließen, dass der Hund nur gelernt hat die Nase am Boden zu halten. Er muss jetzt nämlich einen seiner Sinne einsetzen, um diesen Schritt zu bewältigen. Ob es wirklich die Nase ist, können wir aber immer noch nicht sagen.

Schritt 4:
Legen Sie jetzt Vanillespuren mit variabel immer mehr Winkeln. Variabel bedeutet, dass der Hund nicht weiß, wie viele Winkel er abarbeiten soll. Mal sind es zwei, mal drei, mal einer, mal drei und so weiter. Steigern Sie also nicht jedes Mal die Anzahl der Winkel, sondern nur im Durchschnitt, damit sich der Hund nicht sonst irgendwann überfordert fühlt.

Sie üben immer noch auf demselben Untergrund wie seit Beginn, in unserem Beispiel also immer noch auf Asphalt.

Schritt 5:
Experimentieren Sie jetzt mit unterschiedlichen Untergründen, wie zum Beispiel Schotter, Wiese, Acker, Fliesen in der Wohnung*, Teppich* und so weiter. Beginnen Sie dazu zunächst wieder mit einfachen kurzen Spuren. Erst wenn der Hund mit dem neuen Untergrund vertraut ist, können Sie die Spuren wieder schwieriger und länger machen.

* Achten Sie in der Wohnung darauf, dass sowohl Teppich als auch Fliesen nicht durch das Besprühen in Mitleidenschaft gezogen werden. Sicherheitshalber testen Sie also bitte erst an einer Stelle, die man nicht offen sieht, ob der Untergrund nicht beschädigt wird. Da es sich ja eigentlich nur um Wasser handelt, dürfte nichts passieren. Gehen Sie doch lieber auf Nummer Sicher!

Schritt 6:
Üben Sie jetzt die Übergänge von den unterschiedlichen Untergründen. Fangen Sie wieder mit kurzen Spuren mit einfachen Unter-

gründen an und werden Sie erst schwieriger in Ihren Anforderungen, wenn der Hund die einfachen Sachen ohne Probleme meistert.

Schritt 7:
Jetzt wollen wir mal testen, ob der Hund wirklich der Vanillespur folgt, oder vielleicht doch eher seinen Augen oder unserer Spur. Dazu legen Sie zunächst eine Vanillespur. Als Nächstes legen Sie eine zweite Spur mit einer möglichst neuen Sprühflasche, in der mit Sicherheit noch kein Vanille gewesen ist. Diese Spur soll die erste überkreuzen.

Verfolgt der Hund jetzt die Vanillespur ohne an der Kreuzung zu zögern oder gar in die Verleitungsspur überzuwechseln, ist die Wahrscheinlichkeit sehr hoch, dass er wirklich mit der Nase arbeitet.

Eine andere Möglichkeit, das zu testen, besteht natürlich darin, dass Sie die Spur so lange liegen lassen, bis alles Wasser verdunstet ist, die Spur also für das Auge nicht mehr sichtbar ist. Jetzt müssen Sie sich allerdings den Verlauf der Spur genauestens merken, damit Sie den Hund auch richtig belohnen können.

Wie man Spuren markieren oder sie sich auch ohne Markierung merken kann, ist ausführlich in Band 1 erklärt. Das können wir uns hier sparen.

Ihr so angelernter Hund kann dann wieder auf die vielfältigste Art und Weise gefördert werden. Seien Sie kreativ! Legen Sie die Spur als Schlangenlinien, als Schnecke, mit spitzen oder stumpfen Winkeln, bauen Sie Sackgassen ein. Wie wäre es mal mit einem Geruchslabyrinth?

Fangen Sie einfach an und steigern Sie die Anforderungen nur allmählich. Dann wird das schon klappen. Achten Sie nur darauf, dass die einzelnen Spuren so weit auseinander liegen, dass der Hund sie deutlich unterscheiden kann und nicht schon auf der nächsten Spur ist, wenn er nur ein bis zwei Schritte weiterläuft.

Bauen Sie auch mal Hindernisse in die Spur ein. Wie wäre es, wenn Sie den Hund mal mit der Geruchsspur über einen Agility-Parcours schicken? Das wäre schon fast wieder etwas für die Zaubervorführung mit Hund. Der kann dann nämlich den Parcours ohne Sie laufen. Wenn dann Zahlen an den Hindernissen stehen, ist das bestimmt beeindruckend!

Sie sehen, der Fantasie sind wirklich keine Grenzen gesetzt.

Kommandos aus Gerüchen

Die meisten Menschen denken, dass ihre Hunde auf die Wortkommandos hören, die sie ihnen geben. In Wirklichkeit achten die Hunde aber viel mehr auf unsere Körpersprache, weil das ihnen viel leichter fällt und sie wahre Meister im Lesen von Körpersprache sind. Gut ausgebildete Hunde lernen Wortkommandos *und* Handsignale als Kommandos. Wie wäre es denn mal mit einem Geruchssignal als Kommando?

Hat ein Hund zum Beispiel gelernt, sich auf Handsignal hinzusetzen und soll dann das Wortkommando dazu lernen, gibt man zuerst das Wortkommando und dann das Handzeichen. Für den Hund wird also das Wortkommando die Ankündigung des Handzeichens, das er ja schon versteht. Nach einigen Wiederholungen wird er sich alleine aufs Wortkommando hinsetzen und das Handzeichen gar nicht mehr abwarten. Wichtig ist also, dass das neue Kommando vor dem alten, bekannten Kommando gegeben wird.

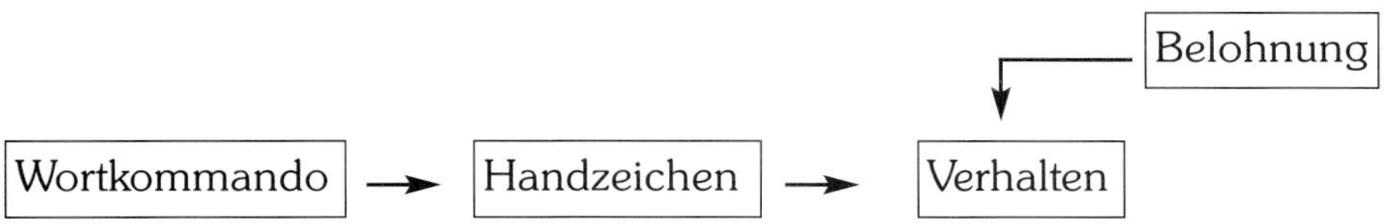

Genauso geht man vor, wenn man dem Hund Geruchskommandos beibringen möchte. Nehmen Sie sich kleine Döschen mit verschiedenen Gerüchen. Sehr gut geeignet sind Salz- und Pfefferstreuer aus Edelstahl. Die haben kleine Löcher im Deckel, durch die der Hund den Geruch schön wahrnehmen kann. Flüssige Geruchsmittel kann man gut auf einen Wattebausch und dann in die Dose geben. Das Walnussöl hatten wir ja schon als Beispiel für das Bei-Fuß-Gehen. Wie wäre es mit einer Muskatnuss für das Sitz, einem Lorbeerblatt für das Platz oder wie auch immer? Der Fantasie sind keine Grenzen gesetzt. Nur sollte der Geruch nicht so stark sein, dass Sie ihn schon auf einen halben Meter Entfernung riechen können. Dann ist er für den Hund zu stark.

Analog zum Wortkommando wird jetzt das Geruchskommando aufgebaut:

Wiederholen Sie das mit einem Kommando so lange, bis der Hund beim Wahrnehmen des Geruchs schon weiß, was gleich kommen wird und verstanden hat, was Sie von ihm wollen. Dann kommt der nächste Geruchsstoff mit dem nächsten Kommando an die Reihe. Hat der Hund auf diese Art und Weise zwei oder drei Kommandos gelernt, können Sie sie mal abwechseln und sehen, ob er sie wirklich verstanden hat.

Setzt er sich schon hin, wenn Sie ihm nur das Döschen mit der Muskatnuss vorhalten?

Legt er sich hin, wenn dann das Döschen mit dem Lorbeerblatt unter seine Nase kommt? Gute Arbeit!

Wenn nicht, müssen Sie eben noch ein wenig trainieren.

Nun steht es ja fest, dass Hunde unsere Sichtzeichen viel leichter verstehen als unsere Wortkommandos. Wie sieht es jetzt aber mit den Geruchskommandos aus? Fällt es den Hunden leicht, sich an die Gerüche und ihre Bedeutung zu erinnern oder eher nicht? Wie würden Sie die Geruchskommandos einordnen? Da sind wir wieder bei einer spannenden Forschungsaufgabe!

Das ist wieder ein schönes Beispiel dafür, wie man seinen Hund schön geistig auslasten kann, und das auch noch bei schlechtem Wetter, wenn man keinen Hund (oder besser Mensch?) vor die Tür schicken möchte.

Der Hund lernt schreiben

Genauso wie ein Hund lernen kann, eine riesige Zahl an Spielzeugen kennen zu lernen und zu bringen, kann er natürlich auch lernen, beliebig viele Gegenstände mit bestimmten Gerüchen zu bringen. (Bei den Spielzeugen spielt der Geruch mit Sicherheit auch keine untergeordnete Rolle.) Wie viele Gegenstände der Hund kennen lernt, ist eigentlich reine Fleißarbeit.

Möchten Sie Ihre Mitmenschen nicht einmal mit einem Hund in Erstaunen setzen, der schreiben kann? Wir zeigen Ihnen, wie das geht.

Schritt 1:
Sie benötigen für den Hund gut handhabbare »Buchstaben«. Diese Buchstaben sollten folgende Eigenschaften haben:

- Der Hund soll sie gut apportieren können.
- Wenn er sie ablegt, sollte man auf jeden Fall den Buchstaben erkennen können.
- Das Material sollte gut Gerüche aufnehmen, also nicht unbedingt Glas oder Metall sein.

Mögliche Vorschläge von uns wären einmal kleine Körbchen, die der Hund schön an den Henkeln tragen lernen soll. Auf wenigsten zwei Seiten des Körbchens sollte der Buchstabe aufgemalt oder aufgeklebt sein.

Zum anderen sind Würfel oder Bälle geeignet, die eine für den Hund passende Größe haben und wo auf jeder Seite oder über den Ball verteilt der entsprechende Buchstabe aufgemalt wird.

Schritt 2:
Jedem Buchstaben muss jetzt ein Geruch zugeordnet werden. Soll Ihr Hund also das ganze Alphabet kennen lernen, sollten Sie etwas einfallsreich sein.

Eine schöne Anzahl an Gerüchen finden Sie unter den ganzen Duftölen. Von denen brauchen Sie aber nur wirklichen einen Tropfen und dann sollen Sie den damit behandelten »Buchstaben« noch eine Weile ausdünsten lassen. Sonst ist der Geruch für den Hund viel zu stark.

Schritt 3:
Sie benötigen eine Art »Tafel«, auf die der Hund »schreiben« kann. Als Endziel soll der Hund wirklich ganze Wörter schreiben und eben auch die Buchstaben in der richtigen Reihenfolge anordnen. Natürlich kann man auch dieses Anordnen trainieren. Viel einfacher ist es jedoch, wenn der Hund nur die richtigen Buchstaben bringt und diese sich dann quasi von alleine »anordnen«. Eine Möglichkeit wäre zum Beispiel, dass der Hund lernt, die Buchstaben-Kugeln in einen Trichter fallen zu lassen. Über eine Röhre laufen sie auf eine Schiene. Für die richtige Anordnung der Buchstaben ist also nur das Bringen in der richtigen Reihenfolge von Bedeutung. Ähnlich könnte man es mit den Körbchen oder den Würfeln machen.

Haben Sie keine Lust auf solche Bastelarbeiten, können Sie natürlich auch der Assistent des Hundes sein, sich die Buchstaben geben lassen und der Reihe nach hinlegen.

In diesem Falle sind auch alle möglichen anderen Buchstaben geeignet, wie zum Beispiel die Holzbuchstaben, wie es sie für die Kinder zu kaufen gibt.

Schritt 4:
Wir üben das erste Wort. Wie wäre es mit dem Namen Ihres Hundes? Zunächst muss er dazu alle Buchstaben einzeln lernen. Sie fangen also mit einem Buchstaben an. Hat Ihr Hund schon gelernt mit Geruchsmuster zu arbeiten (siehe Seite 64), haben Sie es jetzt einfach. Sie haben mit dem »Buchstaben« auch ein Geruchsmuster vorbereitet, das dann auch entsprechend lange ausdünsten konnte. Gut geeignet als Muster sind zum Beispiel Holzstäbchen. Das Material sollte dem des Buchstabens entsprechen, damit die Unterschiede nicht zu groß sind.

Nennen Sie zuerst deutlich den Buchstaben, halten Sie anschließend dem Hund das Geruchsmuster vor die Nase und schicken Sie ihn auf die Suche. Hat er den Buchstaben gefunden, soll er ihn apportieren. Haben Sie bis jetzt zum Beispiel mit Hinlegen als Anzeige gearbeitet, muss der Hund jetzt das Apportieren lernen. Kann er es schon, geben Sie ihm einfach das Kommando, sobald er beim Buchstaben ist. Kann er das Apportieren noch nicht, ist es sowieso notwendig, dies unabhängig von dieser Übung zunächst einmal zu trainieren.

Wiederholen Sie diese Übung so oft, bis der Hund, nachdem Sie den Buchstaben gesagt haben, gar nicht mehr auf das Geruchsmuster wartet. Kennt Ihr Hund das Arbeiten mit Geruchsmuster nicht, gehen

Sie so vor, wie ab Seite 13 beschrieben unter der Überschrift »Die freie Suche eines bestimmten Gegenstandes«. Nur brauchen Sie jetzt den Buchstaben nicht zu verstecken. Der kann ruhig offen liegen.

In diesem Schritt sollten Sie so lange üben, bis der Hund den Buchstaben bringt, wenn Sie ihn nennen.

Schritt 5:
Wiederholen Sie Schritt 4 mit all den anderen Buchstaben, die im Namen des Hundes vorkommen.

Schritt 6:
Jetzt geht es auch wieder an die Geruchsunterscheidung. Beginnen Sie mit zwei ausgelegten Buchstaben und lassen Sie den Hund einen davon bringen. Wenn Sie Glück haben, hat er schon den Namen des Buchstaben mit dem richtigen Geruch verknüpft. Dann gibt es natürlich einen Jackpot!

Hat der Hund Schwierigkeiten, können Sie noch mal mit Geruchsmuster arbeiten, sofern er es kennt. Kennt er die Arbeit mit Geruchsmuster nicht, hilft nur geduldiges Üben. Sie können sich die Anwei-

sung auf Seite 59 unten zu Hilfe nehmen, wo es auch darum geht, dass der Hund irgendeinen Tannenzapfen bringt und gar nicht auf den Geruch achtet. Üben Sie diesen Schritt so lange, bis Ihr Hund zu 80 oder besser noch 90% den richtigen Buchstaben bringt.

Schritt 7:
Jetzt fügen Sie den nächsten Buchstaben hinzu. Ihr Hund muss jetzt also aus dreien den von Ihnen genannten Buchstaben auswählen. Wechseln Sie die Buchstaben immer mal wieder ab. Gehen Sie auch hier erst zum nächsten Schritt über, wenn der Hund in 90% der Fälle den richtigen Buchstaben bringt.

Schritt 8:
So wie in Schritt 7 werden jetzt nach und nach alle Buchstaben einzeln zu den bereits bekannten hinzugefügt, bis der Hund schließlich alle Buchstaben seines Namens auf Ihre Anweisung hin bringen kann.

Schritt 9:
Jetzt geht es wirklich ans Schreiben. Wir werden dem Hund seinen Namen als Verhaltenskette beibringen. Da man eine Verhaltenskette praktischerweise von hinten anfängt, beginnen Sie mit dem letzten Buchstaben im Namen des Hundes. Nehmen wir als Beispiel »DAMON«. Zuerst soll der Hund also den Buchstaben N bringen. Haben Sie sich eine Apparatur für die Buchstaben gebaut, sollte der Hund diese spätestens in diesem Schritt benutzen.

Der Hund bringt also den Buchstaben N und lässt ihn zum Beispiel in den Trichter fallen. Danach gibt es einen riesigen Jackpot.

Wiederholen Sie das einige Male.

Schritt 10:
Nun bekommt der Hund das Kommando O. Hat er das O gebracht und in den Trichter fallen gelassen, wird er mit dem Kommando N belohnt. Dadurch, dass Sie das N im letzten Schritt einige Male mit einem Jackpot verknüpft haben, wird der Hund es freudig bringen.

Schritt 11:
Auf diese Art und Weise bauen Sie jetzt die ganze Verhaltenskette von hinten auf. Der Hund bringt also zunächst die Buchstaben MON, dann AMON und schließlich DAMON.

Schritt 12:
Noch geben Sie jeden Buchstaben extra vor. Vor jedem Buchstaben, den der Hund bringt, bekommt er zuvor noch das entsprechende Kommando. Vielleicht merken Sie aber schon, dass er die richtige Reihenfolge schon kennt. Auf jeden Fall bekommt die ganze Verhaltenskette jetzt einen neuen Namen: »Schreib mal Damon« oder »Schreib deinen Namen«. Die Kommandos zwischendrin werden Sie nach und nach weglassen können.

Anmerkung:
Achten Sie darauf, dass Sie die Buchstaben getrennt aufbewahren z.B. in verschiedenen Plastiktüten. Sonst kann es sein, dass sich die Gerüche vermischen und der Hund Schwierigkeiten hat, sie zu unterscheiden.

So hat Ihr Hund gelernt, seinen Namen zu schreiben. Auf diese Art und Weise kann er natürlich auch viele andere Worte schreiben lernen. Wie wäre es, wenn Sie den schreibenden Hund in Ihre Zaubervorstellung einbauen würden: »Meine sehr verehrten Damen und Herren! Mein Hund schreibt Ihnen jetzt den Namen des großen Zauberers, der Sie nachher mit seinem Können erstaunen wird«. Dazu wäre wohl ein Trommelwirbel angebracht!

Mit all diesen hier genannten Übungen können Sie Ihren Hund sehr schön beschäftigen. Ob Sie das nun machen, um es einmal anderen Menschen zu zeigen, oder nur zu Ihrer eigenen Freude (und der des Hundes natürlich), bleibt Ihnen überlassen. Bedenken Sie aber, dass solche Riechübungen für den Hund sehr anstrengend sind. Ein Hund der zehn Minuten intensiv geschnüffelt hat, ist bestimmt genauso ausgelastet wie ein Hund, der zehn Minuten stramm neben dem Fahrrad herläuft. Das ist ein schöner Vorteil der Nasenspiele: Sie können mit relativ wenig Aufwand den Hund gut auslasten.

Wir wünschen Ihnen viel Spaß und Erfolg dabei!

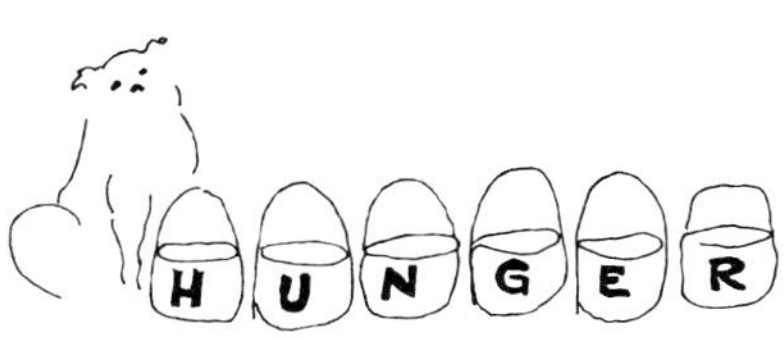

Forschungsaufgaben

Die Nasenspiele sind eine sehr spannende Sache. Wir finden es immer wieder faszinierend, was die Hunde so alles können. Außerdem ist es ja ein recht neues Beschäftigungsfeld, das sich hier so nach und nach für die Hunde erschließt. In unseren Kursen sagen wir den Leuten deswegen auch immer wieder: »Im Prinzip seit Ihr alle Pioniere auf diesem Gebiet.« Das gilt natürlich auch für die Leser, die ihrem Hund die unterschiedlichen Aufgaben beibringen.

Wir wären sehr interessiert daran, Rückmeldung zu bekommen, um aus einer größeren Anzahl von Erfahrungen Daten über die Leistungsfähigkeit der Hunde sammeln zu können. Es wäre schön, wenn Sie uns dabei unterstützen würden. Im Folgenden finden Sie unterschiedliche Fragestellungen. Wenn Sie die jeweilige Aufgabe mit Ihrem Hund trainiert haben, können Sie uns vielleicht ein Ergebnis liefern.

- Wie lange darf ein verlorener Gegenstand bei der Verlorensuche im Gelände liegen, damit er von dem Hund noch wahrgenommen wird?
- Hat Ihr Hund bei der Verlorensuche verknüpft »Zeige mir alles, was nach Mensch riecht« oder »Zeige mir alles, was nicht hierhin gehört«? Sie können das testen, indem Sie in Ihrer Wohnung den Gegenstand einer fremden Person suchen lassen. Wenn das klappt, lassen Sie ihn in einer fremden Wohnung den Gegenstand einer dritten Person suchen.
- Wie verdünnt riecht Ihr Hund einen bestimmten Stoff noch (Aufgabe aus Band 1)?
- Wie viele Personen kann Ihr Hund nach Namen unterscheiden?
- Wie leicht oder wie schwer versteht Ihr Hund geruchliche Kommandos? In welcher Reihenfolge würden Sie Sichtzeichen, Wortkommandos und Geruchkommandos einordnen?

Sollten Sie also Spaß am Forschen haben und Ihre Ergebnisse mit uns teilen wollen, finden Sie unsere Adresse hinten im Anhang.

Wir hoffen, dass wir Sie mit diesen Aufgaben ein wenig dazu begeistern können, von unseren Hunden zu lernen. Ist es nicht sogar das Faszinierende einer Partnerschaft, dass man gegenseitig voneinander lernen kann? Gerade die Nasenspiele zeigen so deutlich, dass bei weitem nicht immer wir es sind, die den Hunden etwas beibringen.

Es funktioniert auch in der anderen Richtung! Natürlich nur, wenn man dem gegenüber aufgeschlossen ist.

In diesem Sinne: Viel Spaß beim Lernen!

LITERATURHINWEISE UND ADRESSEN

Viviane Theby, 2003
»Schnüffelstunde - Nasenspiele für Hunde«
Die Grundlagen. ISBN 3-933228-78-6

Viviane Theby, 2002
»Hundeschule«
In diesem Buch geht es um Lerntheorien, die hinter der Ausbildung eines Hundes stecken, und die jedem Hundehalter als Grundlagen für die Ausbildung bekannt sein sollten.

Viviane Theby / Michaela Hares, 2001
»... darf ich bitten? - Mein Hund als Tanzpartner«
Weitere tolle Ideen zur Beschäftigung mit dem Hund. ISBN 3-933228-40-9

Bezugsadresse für Holzhütchen mit Loch und andere intelligente Hundespielzeuge:
Pet-pillow
Stettener Str. 42
D - 73732 Esslingen
www.pet-pillow.de

Ihr Ansprechpartner auf der Suche nach einer guten Hundeschule in Ihrer Nähe:
Berufsverband der Hundeausbilder und Verhaltensberater e.V. (BHV)
Aussiedlerhof Reiterhohl
D - 65817 Eppstein
www.hundeschule.de

Tierärzte, die sich auf Verhaltenstherapie spezialisiert haben:
Gesellschaft für Tierverhaltenstherapie (GTVT)
Am Kellerberg 18 a
D - 84175 Gerzen
www.gtvt.de

Seminare zum Thema Schnüffeln und vieles andere:
Tierakademie Scheuerhof / Viviane Theby und Michaela Hares
D - 54516 Wittlich-Bombogen
www.tierakademie.de

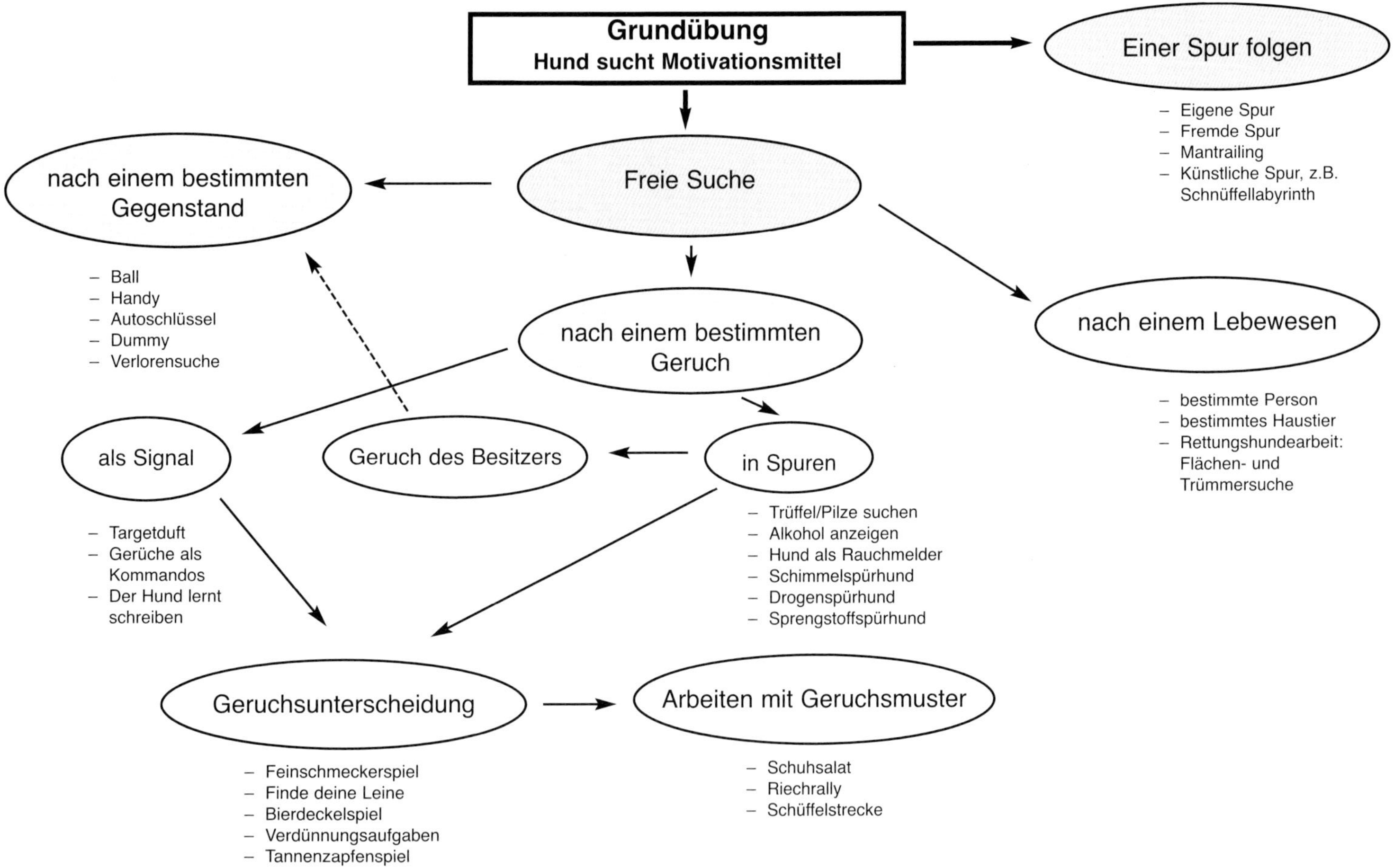
Grundübung
Hund sucht Motivationsmittel
Einer Spur folgen
– Eigene Spur
– Fremde Spur
– Mantrailing
– Künstliche Spur, z.B. Schnüffellabyrinth
Freie Suche
nach einem bestimmten Gegenstand
– Ball
– Handy
– Autoschlüssel
– Dummy
– Verlorensuche
nach einem Lebewesen
– bestimmte Person
– bestimmtes Haustier
– Rettungshundearbeit: Flächen- und Trümmersuche
nach einem bestimmten Geruch
als Signal
– Targetduft
– Gerüche als Kommandos
– Der Hund lernt schreiben
Geruch des Besitzers
in Spuren
– Trüffel/Pilze suchen
– Alkohol anzeigen
– Hund als Rauchmelder
– Schimmelspürhund
– Drogenspürhund
– Sprengstoffspürhund
Geruchsunterscheidung
– Feinschmeckerspiel
– Finde deine Leine
– Bierdeckelspiel
– Verdünnungsaufgaben
– Tannenzapfenspiel
Arbeiten mit Geruchsmuster
– Schuhsalat
– Riechrally
– Schüffelstrecke